Körpersprache der Promis

Mosaik
bei GOLDMANN

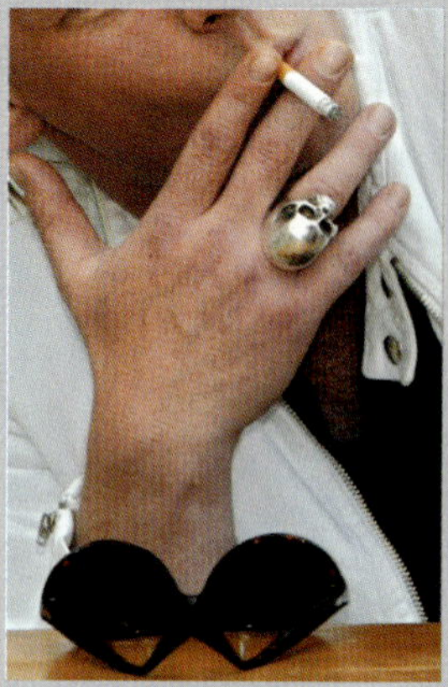

1. Auflage

Art-Direction | Thomas Dreher, München

Bildredaktion | Elisabeth Franz

Umschlaggestaltung | Heinz Kraxenberger, Unterföhring

Umschlagfotos
■ **dpa** | Berben, Gottschalk, Graf, Jauch, Kahn, Schiffer, Schmidt, Schröder ■ **Thomas Köhler/phalanx** | Stoiber ■ **Picture Press/Hinz** | Biolek ■ **Picture Press/Rocholl** | Christiansen ■ **Teutopress** | Reich-Ranicki ■ **Visum/Steche** | Grass

Reproduktion | Lorenz & Zeller, Inning a.A.

Druck und Bindung | Passavia Druckservice GmbH, Passau

Printed in Germany
ISBN 3-442-39038-9
www.goldmann-verlag.de

BILDNACHWEIS

■ **AP, Frankfurt** | 101 l. ■ **Breuel** | 58 u.r. ■ **W. v. Brauchitsch, Bonn** | 98 o.r. ■ **Cinetext, Frankfurt** | 88/89 (4) ■ **ddp-Archiv, München** | 27, 30 o.r., 54 o.l., u.l., 58 o.l., r., 59 (2), 70 o., 71, 82 o.l., 86 o., 93, 96/97 (4), 98 o.l., u., 99 (3), 110 u.l., u.M., 114 o.l., o.r., 118 o.r., 119 r., 120/121 (6), 130 o.l., o.r., u.r., 134 o.r., M.l., 135 (2), 144 o.r., u., 148 o.r., 156 o.l., u.l., u.r., ■ **dpa München** | 2 (2), 4 o.l., o.r., M., M.r., u.l., u.M., 12 – 15 (7), 16/17 (6), 18/19 (7), 20/21 (6), 22 – 25 (9), 26 (4), 28/29 (5), 30 o.l., u.l., u.r., 31 (3), 32 o., 33 r., 34/35 (6), 36/37 (6), 38/39 (6), 40 M.l., 42 – 45 (9), 46/47 (5), 48/49 (5), 50 u.l., u.r., 52/53 (6), 54 o.r., u.r., 55, 56/57 (4), 58 u.l., 60/61 (6), 66 – 69 (8), 72/73 (6), 74/75 (5), 77 u.l., 78 o.l., o.r., M.r., u.l., 79 l., 80/81 (6), 82 u.l., u.r., 83, 84/85 (7), 90/91 (7), 92 (5), 94/95 (6), 100 o.l., o.M., u.l., u.r., 102/103 (7), 104 – 107 (8), 108/109 (5), 110 o.l., o.r., u.r., 111, 112/113 (7), 118 o.l., u., 119 l., 122 o.l., u.l., 123, 124/125 (7), 126 – 129 (9), 132/133 (6), 134 o.l., u., 136/137 (6), 138 – 141 (9), 142/143 (4), 144 o.l., 145 (2), 147 l., 148 o.l., M.r., u.l., u.r., 149 (2), 150 o.r., u.l., u.M., u.r., 152/153 (6), 154/155 (6), 157 r., 158/159 (3), 160 o., u.r., 161 o., 162 o.r., u.l., u.r., 163(2), 164/165 (5), 167 o.l., u.l., 168 o.l., 170 (2), 172/173 (4) ■ **Keystone, Hamburg** | 131, 157 l. ■ **Keystone Images, Zürich** | 70 u.l., u.r., 114 M., u., 115, 116/117 (5) ■ **Presse- und Informationsamt der Bundesregierung, Bundesbildstelle** | 50 M.l., 64 o.l., o.r., M.l., 65 u., 100 o.r., 151, 171 ■ **teutopress, Bielefeld** | 86 u.l., u.r., 87, 130 u.l. ■ **Marco Urban, Berlin** | 4 l.M., 32 u.l., u.r., 33 o.l., u.l., 40 o.l., o.r., u.l., u.r., 41, 50 o.l., o.r., 51, 62/63 (4), 64 u., 65 o., 78 u.r., 79 r., 101 o.r., u.r., 122 o.r., M.r., 146 (3), 147 r., 150 o.l, M.l., 156 o.r., 160 u.l., 161 u., 162 o.l., 166 (3), 167 o.r., u.r., 168 o.r., u., 169 ■ **Visum, Hamburg/Reinartz** | 76 u.l., 77 o., 77 u.r., -/**Steche** | 76 o., u

Umwelthinweis | Dieses Buch und der Schutzumschlag wurden auf chlorfrei gebleichtem Papier gedruckt. Die Einschrumpffolie (zum Schutz vor Verschmutzung) ist aus umweltfreundlicher und recyclingfähiger PE-Folie.

Samy Molcho

Körpersprache der Promis

Mosaik
bei GOLDMANN

BILDNACHWEIS

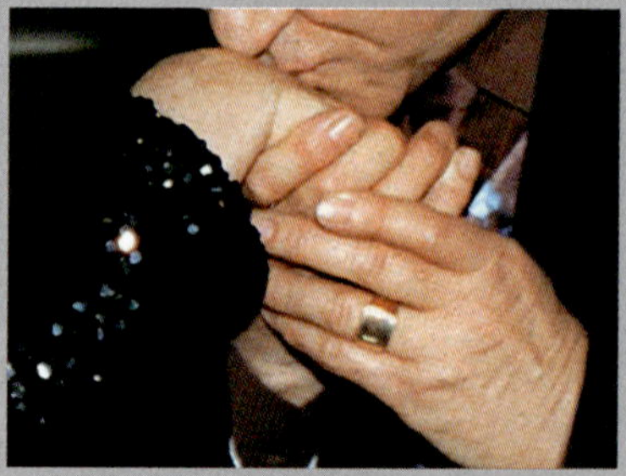

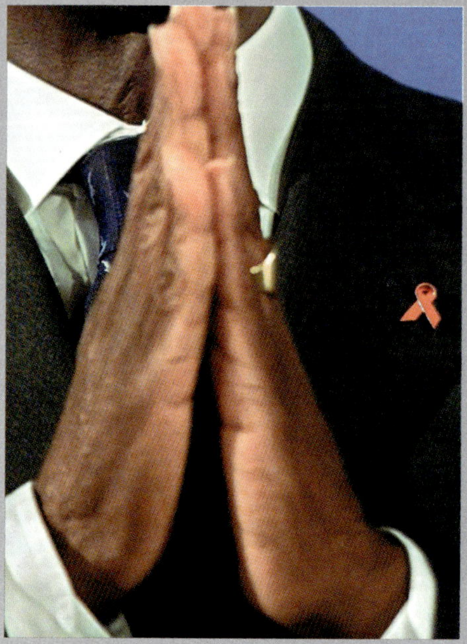

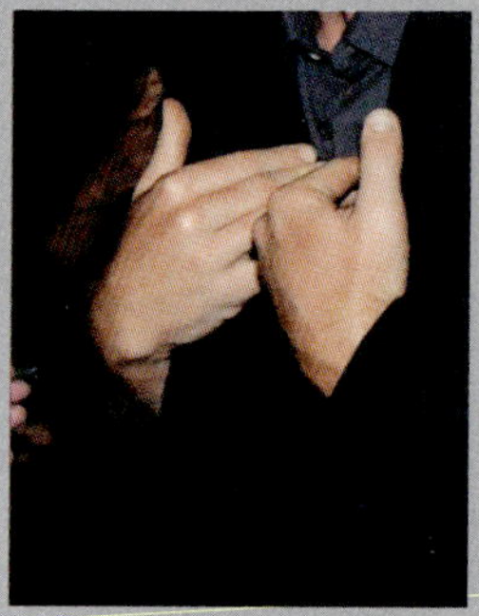

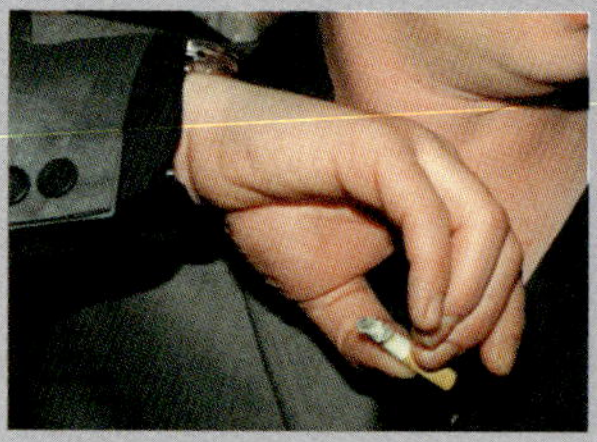

Inhalt

Zur Einführung

Der Spiegel

Wenn ich in den Spiegel schaue, wen sehe ich da? Mich selbst, so wie ich bin oder so, wie ich sein möchte? Und was ist mit den Gesichtern, die ich schneide? Zeigen sie jemand anderen oder immer noch mein eigenes Ich, mit dem ich vor dem Spiegel experimentiere, neugierig, die eigene Vielseitigkeit zu entdecken? Alle diese Gesichter stellen Möglichkeiten im Fächer unserer Persönlichkeit dar. Nicht anders steht es mit dem Verhalten von Menschen vor der Kamera.

Ach, du liebe Kamera

Sämtliche Fotos dieses Bandes entstanden bei öffentlichen Gelegenheiten, so dass sich auch die porträtierten Prominenten bewusst waren oder jedenfalls damit rechnen konnten, dass ein Fotoapparat oder eine Kamera auf sie gerichtet war. Aus diesem Grunde sind auch viele bewusst gesetzte und einstudierte Gesten zu sehen. Vor allem aber wird deutlich, dass sich je nach der öffentlichen Stellung des Einzelnen Übereinstimmungen mit anderen Vertretern seiner Berufsgruppe ergeben, also Wiederholungen von Bewegungen bei Personen sehr unterschiedlichen Typs, die jedoch dem Image entsprechen, das die Medien und das Publikum erwarten. Alle geben sich jedenfalls große Mühe, »gut anzukommen«. Allen oder fast allen Promis gemeinsam ist das gewinnende Lächeln, die offenen Bewegungen, der direkte und das heißt der Vertrauen erweckende Blick sowie das ihrer Prominenz entsprechende dominante Auftreten. So sehen wir zahlreiche ausgreifende, Raum schaffende Bewegungen, häufiges strahlendes Lächeln und manche schöne Pose, die der Selbstdarstellung dienen soll.

Der Antrieb

Der Drang nach oben, das Streben nach Macht gehört gewiss zu den Antriebsfedern eines Politikers. Ähnliches gilt auch für den Finanzmanager, bei dem das Geld notwendigerweise einen hohen Rang einnimmt, ebenso wie die soziale Rolle, die er zu spielen wünscht. Dennoch wäre es falsch zu glauben, alle diese Karrieren ließen sich einzig auf den Machttrieb des Menschen zurückführen. Das Netzwerk der Antriebskräfte ist wesentlich komplexer. Gestaltungswille und der Zuwachs an Anerkennung, ebenso Geltungsbedürfnis und Eitelkeit haben neben anderen Motiven einen starken Anteil an dem Willen, prominent zu werden.

Das Verlangen nach Popularität, bestätigt durch Publikumsgunst, volle Säle und Arenen, hohe Verkaufs- und Einschaltquoten, treibt nicht nur die Künstler der Unterhaltungsbranche und schürt zugleich die Angst, an Beliebtheit und Wohlstand zu verlieren oder eines Tages beides ganz einzubüßen. Daher rührt auch die Anpassung an den so genannten Publikumsgeschmack – manchmal bis zur Selbstaufgabe.

Um sich die geistige Freiheit zu bewahren, der Abhängigkeit jedenfalls teilweise zu entgehen, bedarf es des Verzichts. Die alten Philosophen wussten es und predigten es. Nur einer Versuchung entgingen die wenigsten: der Eitelkeit. Das ändert aber nichts daran, dass Bescheidenheit und Verzicht auf Macht und Besitz der beste Weg zu innerer Freiheit sind. Der direkte Weg zu Prominenz, füge ich sicherheitshalber hinzu, ist dies allerdings nicht.

Das Outfit

Was aber sind die allgemeinen Kennzeichen von Prominenz? Je nach der beruflichen Sparte wiederholen sich die Signale, die bereits von der Kleidung, dem Outfit einer Person ausgehen. Von Politikern und Geschäftsleuten erwartet man Seriosität, also herrscht bei ihnen der korrekte Anzug vor. Eine modische Krawatte scheint schon zu genügen, um eine gewisse Öffnung zu einer modernen Gedankenwelt anzudeuten. Unkonventionelles Outfit wirkt bereits beinahe revolutionär und soll es auch, wie es etwa die Grünen einstmals bei ihrem Einzug in die Parlamente praktiziert haben. Damals schien die Turnschuh-Generation in der offiziellen Politik angekommen zu sein. Ein Zeichen für eine moderne Politik? So war es gemeint, doch wurde zugleich durch ein äußeres Signal ein Verlust an Glaubwürdigkeit beim konservativen Teil des Publikums in Kauf genommen. Der Aufstieg in hohe und höchste Ämter brachte eine Anpassung des Outfits mit sich. Der Kleiderwechsel erhöhte in den Augen vieler Zeitgenossen prompt die Vertrauenswürdigkeit. Ganz generell lässt sich feststellen, dass ein verändertes Outfit die Akzeptanz eines Menschen enorm beeinflusst. Alle Prominenten wissen das, und unser optisches Zeitalter erfand folgerichtig den Imageberater. So konservativ kann ein Mensch, der sich der Öffentlichkeit präsentiert, gar nicht sein, um sich diesem Gebot der Stunde gänzlich zu entziehen. Es kommt lediglich darauf an, welches Image ins Auge gefasst werden soll und darauf, ob der Stil dem Charakter der Aufgabe und der Person ihres »Darstellers« adäquat ist.

Künstler und Showgrößen folgen nur einer anderen Konvention als Politiker und Banker. Ihr Outfit soll ihre Ausnahmestellung in der Öffentlichkeit signalisieren; es dient als Mittel, Aufmerksamkeit zu erwecken, ist weniger auf Vertrauenswürdigkeit als auf das Verlangen des Publikums nach dem Außergewöhnlichen gerichtet, auf Ablösung vom Alltäglichen und, wie es unserer Epoche entspricht, auf Spaß. Auch hier achtet, wer klug ist, auf die Übereinstimmung von Selbstdarstellung und persönlicher Anlage. Fernsehstar Frank Elstner verzichtet zum Beispiel auf große Gesten und sehr bewusst darauf, sich ähnlich fantasievoll glitzernd zu kleiden wie sein Kollege Gottschalk, während Talkmaster Harald Schmidt den konventionellen Anzug ganz deutlich als Kontrast zu seinen extrem unkonventionellen Gesten nutzt. Intellektuelle und solche, die sich dafür halten, haben sich in ihrem Outfit auf die Farbe Schwarz geeinigt, damit aber nichts weiter als eine andere Art von Konvention begründet. Gestisch erscheinen sie konzentriert und ein wenig der Welt abgewandt.

Die Bewegung

Was für die Kleidung gilt, trifft für den Bewegungsablauf ebenso zu. Alle Gesten stehen in Beziehung zu dem gewünschten Image. Sie sind zwar situationsbedingt, stehen in einer Wechselwirkung zur aktuellen Situation, behalten aber auch ihre Bedeutung für die Person und deren Wirkung im Allgemeinen.
Wer also seine Seriosität darstellen möchte, wird sie nicht durch rasche und unkalkulierte Bewegungen gefährden. Er wird Beherrschung demonstrieren, wird mit entschiedenen Gesten seine Kompetenz unterstreichen. Wer das Ungewöhnliche zum Beruf macht, wird es auch in seinen Bewegungen ausdrücken, leidenschaftlich oder ausgelassen bis zum Extrem oder bis zur clownesken Übertreibung.
Es handelt sich um spartentypische Gesten: die hochgestreckte Faust des Revolutionärs; die Siegespose des Sportlers, der beide Arme in die Luft wirft – eine Bewegung, die Politiker längst übernommen haben; die bewusst sparsamen Bewegungen von Finanzleuten, die Oberarme eng an den Körper gehalten; die Politikerfaust und ihr zielweisender, zugleich belehrender Zeigefinger; die typische Haltung des Redners, der das Rednerpult mit beiden Händen fasst, um sich selber breiten (Darstellungs-)Raum zu geben. Alles das sind bezeichnende Gesten. Mit ausgreifenden Bewegungen, betonter und häufig übertriebener Mimik tritt uns der Unterhaltungskünstler entgegen, mit demonstrativer Freude an Körperkon-takt und, fast immer, mit strahlendem Lächeln.

Vom Allgemeinen zum Persönlichen

Behalten wir also im Auge, dass sämtliche Bilder dieses Bandes die Prominenten in Situationen zeigen, in denen eine gewünschte Wirkung ihr Verhalten bestimmt. Trotz solcher bewusster Selbstdarstellung lassen sich jedoch Details ausfindig machen, die Rückschlüsse auf die Persönlichkeit der Abgebildeten ermöglichen. Die zweite Haut, wie man die zur Schau gestellte Honigseite eines Menschen bezeichnen könnte, hat nämlich Risse. Es gibt, wie ich es nenne, »undichte Stellen«, in der uns unbewusste körpersprachliche Zeichen ein kleines Fenster zur inneren Verfassung öffnen. Nicht umsonst sage ich: »Der Körper ist der Handschuh der Seele.«

Die wiederkehrenden, bewusst gewählten Bewegungen und Bewegungsabläufe, von denen ich sprach, gelten zwar vor allem einer wirkungsvollen Selbstdarstellung, dienen aber darüber hinaus als Schutzschild für das eigene verletzliche Ich. Das bleibt nicht ohne Folgen. Denn die wirkungsvolle Selbstdarstellung wird zum so genannten Image, dem sich der Prominente, wenn er damit erfolgreich war, irgendwann verpflichtet fühlt. Das gilt für Künstler, nicht weniger jedoch für Politiker und andere Selbstdarsteller. Eine Gefahr könnte darin liegen, dass sich mit der Zeit ein Konditionierungseffekt einstellt, der einer Prägung der Persönlichkeit gleichkommt. So fällt schließlich die Unterscheidung zwischen gespieltem und nicht gespieltem Ich dem Betroffenen selbst schwer. Je stärker jemand das öffentliche Image Raum greifen lässt, umso eher stellt er das ursprüngliche Ich in die Ecke, das sich dort sehr einsam fühlen kann. Die erwähnten »undichten Stellen« lassen einen Blick zu auf die Person hinter seiner Schauseite.

Die ganze Palette oder: Der Indianerstamm in mir

Hüten wir uns jedoch vor der Vorstellung, alle bewusste Selbstdarstellung sei »unecht«. Oft handelt es sich dabei nur um die Verstärkung von vorhandenen Anlagen des Menschen. In uns allen stecken die verschiedensten Temperamente und Ausdrucksmöglichkeiten. Meinen Studenten am Max-Reinhardt-Seminar gebe ich unter anderem folgendes einfache Beispiel zum Besten: »Wenn ich zum Zahnarzt muss«, sage ich, »sehe ich einen ganzen Indianerstamm in mir. Da gibt es den Mutigen und den Ängstlichen, den Draufgänger und den Feigling, den Leichtsinnigen und den Bedächtigen. Wer davon bin ich? Ich halte es mit Arthur Schnitzler, bei dem es heißt: ›Wir spielen alle. Wer es weiß, ist klug.‹ Spielen bedeutet die Erweiterung des eigenen Ichs.«

Jeder von uns verfügt über die gesamte Palette von Gefühlen und Eigenschaften, die über unsere Körpersprache in Erscheinung treten können. Was uns charakterisiert, ist die Rangordnung, die wir den Möglichkeiten einräumen. Zum Teil bestimmen sich die entsprechenden Prioritäten durch Erziehung und allgemeine Sozialisation, zum Teil sorgen wir selbst für die Reihenfolge.

Die Sucht

Öffentliches Image kann, ebenso wie der publikumsträchtige Auftritt, zu einer Art Sucht werden. Die Anspannung sorgt für einen starken Adrenalinausstoß, der einem Rausch ähnlich sein kann. Das intensive innere Erlebnis, das man dabei empfindet, möchte danach niemand mehr missen. Deswegen fällt es den meisten Prominenten so schwer, irgendwann aufzuhören. Und so rennen sie jedem Auftritt hinterher.

Liebe zum Menschen

Bewegungen sind ursprünglich situationsbedingt. Wiederholen sie sich häufig, haben sie kaum noch mit einer bestimmten Situation zu tun, sondern sind bereits Bestandteil unserer Persönlichkeit. Solche Bewegungen habe ich in den Bildern dieses Buches zu finden versucht. Sie sind die typischen »undichten Stellen«, die etwas über den Menschen erfahren lassen oder auch nur jene einstudierten Gesten aufzeigen, die geeignet sind, ein Image aufzubauen. In einigen Fällen habe ich sogar eine überraschende Diskrepanz zwischen öffentlichem Auftreten und den Signalen der Sprache der unbewussten, also nicht gelenkten Bewegungen gesehen, etwa wenn ausgreifende Bewegungen der Arme und ganz kleine Schritte zusammenfallen.

Vielfach wird die einseitige Betonung der »starken Seiten« eines Menschen, der Zwang, sich stets von der Sonnenseite zu präsentieren, Erfolg auszustrahlen, von der Angst bestimmt, »schwache Stellen« sichtbar werden zu lassen. Doch gerade diese sind menschlich. Gehören sie deshalb nicht in die Öffentlichkeit?

Mit den Aussagen in diesem Buch habe ich nicht versucht, psychologische Profile zu zeichnen. Es ging mir um Verhaltensakzente, die etwas aussagen, was über den Einzelfall hinausgeht — ein paar ironische Anmerkungen eingeschlossen, doch alle bestimmt von der Liebe zum Menschen.

Dem Leser und Betrachter soll es überlassen sein, seine eigenen Entdeckungen den meinen hinzuzufügen.

KURZBIOGRAFIE

Mario Adorf | Schauspieler, am 8. September 1930 in Zürich geboren und doch kein Schweizer, Sohn eines italienischen Arztes, wuchs bei seiner allein stehenden Mutter in der Eifel auf. Während seines nicht zu Ende geführten Germanistik- und Philosophie-Studiums kam er über die Mitwirkung an Studentenbühnen zur Schauspielerei. Das Handwerk des Schauspielers erlernte er von 1953 bis 1955 an der Otto-Falckenberg-Schule in München. Als Ensemblemitglied der Münchner Kammerspiele von 1955 bis 1962 hatte er das Glück, unter der Regie von Fritz Kortner zu arbeiten. Schon begann auch Mario Adorfs Filmkarriere. 1957 kam mit dem Bundesfilmpreis für »Nachts, wenn der Teufel kam« der erste große Erfolg, damit allerdings zugleich für lange Zeit die Festlegung des Schauspielers auf den Typ des Schurken. Doch dabei blieb es nicht. Die Palette seiner Rollen ist vielfältig, wenn auch die zwielichtigen Charaktere vorherrschen, bis hin zum »großen Bellheim« und zum »Schattenmann«. Sie umfasst aber ebenfalls tragikkomische Figuren wie die des liebestollen Restaurantbesitzers in »Rossini«.

Die **Posen** vor der Kamera benutzt der Schauspieler, um sein Selbstbild und sein Selbstbewusstsein zu stärken und sein inneres Ich zu schützen.

Kleine Schritte bezeichnen eine **Neigung zum Detail.** Das Foto zeigt den Kontrast zwischen den sehr kleinen Schritten und den weit geöffneten Armen. Die Kopfhaltung weist auf Zurückhaltung und steht ihrerseits im Widerspruch zu den ausgebreiteten Armen.

Immer lieb ... und immer in Verteidigung. Die Hände bleiben unter dem Tisch.

Alles muss sich zum Bild fügen. Pedantisch korrekt der gepflegte Bart, die tadellose Frisur. Der Schauspieler investiert viel Aufmerksamkeit in seine äußere Erscheinung.

Selbst in einem **Gefühlsmoment** wie diesem verliert er nie die Kamera aus den Augen.

Auch hier: Gefühle **fest im Griff**

Begrüßungen, insbesondere der dabei ausgetauschte Händedruck, sprechen Bände. Kofi Annan kennt viele Variationen:

Beide Partner führen den Händedruck in paralleler Stellung aus. Keiner lässt den anderen dominieren. Annan bleibt **zurückhaltend,** während Hamid Karsai an ihm vorbeisieht.

Lateinamerikanische Begrüßung von Seiten Castros, der seinen Arm dominant über Annans Schulter führt. Weich, aber deutlich korrigiert Annan die Distanz. Er lässt sich die Art der Begrüßung **nicht vorschreiben.**

Aus Respekt gegenüber Nelson Mandela ordnet sich der Generalsekretär deutlich unter, indem er die Hand von unten reicht. Beider Ausdruck zeigt sowohl Respekt als auch **Distanz.**

Ob die hoch erhobene Nase auf den Generalsekretär irritierend wirkt? Jedenfalls drückt er die Hand Edmund Stoibers herab und besteht damit auf der eigenen **Dominanz.**

KURZBIOGRAFIE

Kofi Annan | Generalsekretär der Vereinten Nationen, wurde am 8. April 1938 in Kumasi, Ghana, geboren. Er studierte Wirtschaftswissenschaften in Kumasi, Minnesota und Genf. Seine Arbeit bei den Vereinten Nationen nahm er im Jahr 1962 auf. 1997 begann seine erste Amtszeit als Generalsekretär; inzwischen wurde Kofi Annan für eine zweite Amtszeit vom 1. Januar 2002 bis zum 31. Dezember 2006 wieder gewählt. Sein unablässiges Bemühen um Frieden in der Welt brachte ihm und den Vereinten Nationen im Jahr 2001 den Friedensnobelpreis ein.

Annan

Das Passende finden, um es ohne Zwang zusammenzufügen.

Sanft hält Kofi Annan den Preis in Händen, sanft lächelt er dazu und steht kerzengerade ohne falsche Bescheidenheit.

Kontrastprogramm: Der linke Arm soll **Emotion** demonstrieren, aber der übrige Körper weiß nichts davon.

Erst überlegen, dann (mit dem Zeigefinger) genau aufs Ziel deuten. Die Aktion steht unmittelbar bevor.

Zielbewusst: Genau den Fokus zu setzen ist ihm wichtig.

Die zusammengepressten Lippen spiegeln seine **Unzufriedenheit** wider: »Das akzeptiere ich nicht!« Die verschränkten Arme verstärken den Eindruck noch.

Noch ein Kontrast: Die Füße stehen brav nebeneinander, die geöffneten Knie dagegen zeigen den **»braven Bürger«** selbstsicher und selbstbewusst.

KURZBIOGRAFIE

Franz Beckenbauer | Der »Kaiser« des deutschen Fußballs wurde am 11. September 1945 in München geboren. Schon in der Schulzeit spielte er Fußball und fand bereits im Alter von 13 Jahren zum FC Bayern München, dessen Präsident er seit 1994 ist. Seit 1964 stand Beckenbauer in der Jugend-Nationalelf und kurz darauf in der Fußball-Nationalmannschaft. Mit der Nationalelf und seiner Vereinsmannschaft gewann er alles, was im sportlichen Wettkampf gut und teuer ist. Er wurde zweimal zum »Europa-Fußballer des Jahres« und viermal zum »Fußballer des Jahres Deutschland« gewählt. Der wahrscheinlich bekannteste Fußballer des Landes gilt heute als eine Art Fußball-Weiser. Franz Beckenbauers Auftreten von ausgeprägter Gepflegtheit macht ihn auch zum Fußball-Diplomaten.

Beckenbauer

Sensibel und korrekt hält er das Glas am Stil. Er trinkt vorsichtig und bedachtsam: kein Draufgängertyp.

Auch in traulicher Gesellschaft verhalten und korrekt. Die seitlich blickenden Augen lassen auf einen Taktiker schließen, der es vermeidet, direkt Stellung zu nehmen.

Gestik und Totenkopfring provozieren, der Körper weicht im gleichen Moment der **Konfrontation** aus.

Um Aufmerksamkeit auf sich zu lenken, setzt er auf **Provokation,** setzt sich über die bürgerliche Geschmacksgrenze hinweg.

Wer den größeren (ausgreifenderen) **Auftritt** hat, zieht die Aufmerksamkeit auf sich.

KURZBIOGRAFIE

Ben Becker | Schauspieler, geboren am 19. Dezember 1964 in Bremen, ist ein Schauspielerkind in doppelter Hinsicht. Der Sohn des Schauspieler-Ehepaars Monika Hansen und Rolf Becker wuchs mit seiner Schwester Meret in Berlin bei seiner Mutter und deren Lebensgefährten, dem Schauspieler Otto Sander auf, den Becker als ein großes Vorbild betrachtet. In der Wahl seines Repertoires geht er ganz eigene Wege, und die stilleren Töne eines Otto Sander sind nicht immer seine Sache. Von seinen zahlreichen Filmengagements kehrt er von Zeit zu Zeit ans Theater zurück. Die Film- und Fernsehrollen bestimmen Ben Beckers Image; es sind so unterschiedliche wie die seines Filmdebüts »Eine Liebe in Deutschland«, 1983 mit Hanna Schygulla, oder die des Robert Biberti in »Comedian Harmonists« von 1997. Der viel beschäftigte Schauspieler reiht Filmrollen an Fernsehserien-Auftritte. Grimme-Preis, Bayerischer Filmpreis und Goldene Kamera ließen nicht auf sich warten. Inzwischen singt er auch: »Und lautlos fliegt der Kopf weg.«

In einem ruhigen Moment kommt der sensible und verletzliche Künstler zum Vorschein. Seine **Gefühle** (linke Hand) hält er in der Hosentasche versteckt.

Becker

Ben Becker **verausgabt sich völlig,** wenn er im Konzert »abhebt«.

Mit der merkwürdig unbequemen Armposition versucht Ben Becker die **Oberhand** über den Ziehvater zu bekommen. Die zur Innenhand hin gehaltene Zigarette wirkt so, als habe er etwas zu schützen oder zu verbergen.

Fern vom Tennisplatz zeigt der Star sich vor der Kamera gehemmt, obwohl er ausdrücklich für den Fotografen posiert.

Auf dem Tennisplatz lässt Boris Becker seinen Gefühlen freien Lauf.

Die Hände zeigen auf die eigene Brust: »Soll ich das alles auf mich nehmen?« Sie stehen in Konflikt zu dem Wunsch nach Dominanz, den die hochgestreckten Daumen beschreiben.

KURZBIOGRAFIE

Boris Becker | Tennisstar, am 22. November 1967 in Leimen als Sohn eines Architekten geboren, begann im Alter von drei Jahren mit dem Tennisspielen. Er machte eine lupenreine Karriere, wurde 1982, 1983 und 1984 deutscher Juniorenmeister und nahm im selben Jahr seine Profilaufbahn auf. Immer wieder ist er »der jüngste Sieger aller Zeiten« gewesen und war es auch 1985 als 17-Jähriger in Wimbledon. Seine Profikarriere setzte sich glanzvoll fort, mehrfach führte er die Weltrangliste an. Die Statistik weist ihn als Sieger in 715 Profi-Matches aus. Wie viele Sportler fand Boris Becker auf dem Sportplatz zu seinem ganz eigenen Ausdruck. Im zivilen Leben erscheint das Tennis-Ass eher zurückhaltend.

Becker

»Mein Tennisschläger ist meine **Geliebte.«** Die umarmt er.

Beim Nachdenken tritt der Mittelfinger, **Selbstgestaltungsfinger,** hervor: »Wie gewinne ich Format?«

Als **braver Junge** nimmt er die Belehrung entgegen.

Sogar neben seinen Partnerinnen drückt seine Körperhaltung in der Öffentlichkeit **Zurückhaltung** aus.

Freundliche Distanz ist die Devise: Der rechte Arm hält auf **Abstand.**

Auf dem Tennisplatz
in jeder Situation ganz
bei der Sache.

»Was man nicht alles für das Medium Fernsehen macht!« Für ihn eine eher **untypische** Geste.

Schon der junge Reinhold Beckmann kannte seine Grenzen: Sein angewinkelter Arm hält den **aggressiven** Zeigefinger zurück.

Mit Blumen in der Hand wartet Beckmann auf einen Gast, der sich verspätet. Seine **Unzufriedenheit** steckt er (linke Gefühlshand) in die Tasche. Der angespannte Gesichtsausdruck lässt sich nicht so leicht verstecken.

Auch bei der »Show der Rekorde« überschreiten seine Armbewegungen die Grenze nicht. Er bleibt **»ganz bei sich«;** er liefert sich nicht aus, sondern bleibt in der Deckung. Die Arme schützen den Oberkörper.

KURZBIOGRAFIE

Reinhold Beckmann | Wurde am 25. Februar 1956 in Twistringen bei Bremen geboren. Der Journalist und Fernsehmoderator hat erreicht, dass sein Name für die Sache steht: Seine wöchentliche Talkshow heißt kurz und bündig »Beckmann«. Er studierte Germanistik, Theater-, Film- und Fernsehwissenschaften in Köln und begann beim WDR als Sportreporter und Sportredakteur. Die Sender Premiere und SAT 1 folgten als weitere Stationen in Beckmanns »sportlicher« Karriere, und er erwarb sich einen Ruf als Plauderer in Sachen Sportinformation und Sportgeschäft. Das hatte Folgen: die Moderation der »Guinnes-Show der Rekorde«, ein Produkt der ARD, sowie – ebenfalls bei der ARD – der Talk unter eigenem Namen auf einem montäglich späten Sendeplatz. Und auch beim Sport lässt Reinhold Beckmann das Moderieren nicht.

Beckmann

Reinhold Beckmann verzichtet auf ausladende Gesten, bleibt in seinem Rahmen. So provoziert er niemanden und schützt sich zugleich selbst.

In einer Filmrolle (»Der Todesengel«): Diese Frau hat etwas zu verbergen, wie uns der Blick über die Sonnenbrille sagt. Im richtigen Leben hält die Schauspielerin klug ihr Privatleben bedeckt.

Die Hand greift ungehemmt ins Haar. Die Frisur ist Iris Berben nicht so wichtig. Sie ist sich ihrer selbst und ihrer Erscheinung sicher.

Das gestreckte Handgelenk verursacht Anspannung und blockiert die Annäherung des Partners. Auch das Lächeln erscheint angestrengt. So lässt sie andere nicht ohne weiteres nahe kommen. Sie entscheidet über Nähe und Distanz.

KURZBIOGRAFIE

Iris Berben | Schauspielerin, geboren am 12. August 1950 in Detmold, wuchs in Hamburg auf und begann 17-jährig ihre Filmkarriere in Kurzfilmen der Hamburger Kunsthochschule, nachdem sie vorher Tanz- und Bewegungsunterricht in London sowie Sprecherziehung und Gesangsausbildung in Berlin genossen hatte. Film- und Fernsehrollen wechselten sich bald ab. »Sketchup« mit Diether Krebs wurde zum Dauerbrenner. Humor zeigte Iris Berben auch in mancher anderen Rolle. Die schöne Schauspielerin lässt bei Filmstoffen, die es erlauben, auch die Erotik nicht aus. Und als ehemaligem Mitglied der Hamburger Jugendprotestszene fällt es ihr nicht schwer, gelegentlich zu provozieren – sehr zum Vergnügen der bunten Blätter. Längst spricht die energische Schauspielerin, die viele Facetten hat, bei Drehbüchern von Fernsehfilmen mit.

Der dunkle Brillenrahmen ist bewusst gewählt und signalisiert Ernsthaftigkeit. Damit setzt sie auf Distanz zu ihrem anderen, schillernderen Image in der Öffentlichkeit.

Der gehobene Zeigefinger ist ein deutliches Signal. Nur die kleine Neigung des Kopfes mildert die Geste und den intensiven Blick: Iris Berben kann Grenzen ziehen.

Biolek spielt den Beteiligten, aber er steckt den Kopf in die Schultern. **Empathie,** die er ausstrahlt, ist trotzdem seine Stärke.

Wenn jeder zu zeigen versucht, dass er Recht hat, sind auf einmal viele Zeigefinger im Raum. Alfred Biolek versucht hier seine **Gefühle** zu verstecken: Er zieht den linken Fuß weit zurück. Ob es ihm peinlich ist, einem Bundespräsidenten gegenüber Recht zu haben?

Von der eigenen **Emotion** ergriffen, vereinnahmt er die Partnerin.

Das verlegene Lächeln des Talkmasters zeigt in **Bescheidenheit,** wer hier der wahre Meister ist.

KURZBIOGRAFIE

Alfred Biolek | Geboren am 10. Juli 1934 in Freistadt, Tschechoslowakei, gilt als der Grandseigneur unter den Talkmastern. Zusammen mit seinen Eltern – der Vater arbeitete als Rechtsanwalt – musste der Schüler Biolek nach dem Zweiten Weltkrieg die ehemalige Tschechoslowakei verlassen. Er besuchte in Waiblingen das Gymnasium, studierte Jura inklusive Promotion und Zweitem Staatsexamen – und wurde Entertainer. Das schloss die Tätigkeit als Produzent mit ein. Sein Spitzname Bio wurde schon bald zum »Markenzeichen« seiner eigenen Sendungen: zuerst »Bio's Bahnhof«, dann »Bei Bio« und schließlich »Boulevard Bio«. Immer einträchtig kocht Alfred Biolek in »Alfredissimo« mit Prominenten und kann sich des Lobes für seine Gäste gar nicht genugtun. Sein Lachen spült Probleme leichthin weg.

Ganz auf einen **sinnlichen Genuss** konzentriert: Der Mund bereitet sich mit gespitzten Lippen darauf vor.

Er ist ganz **bei der Sache,** sie beim Fotografen.

Verlangt so viel **Öffentlichkeit** übertriebene Gesten?

Die Hand am Kinn macht es unmissverständlich: Hier sucht einer nach **bisskräftigen Argumenten.**

Die geschlossene und dabei aufrechte Haltung des Premiers deutet auf **Selbstsicherheit** in der aktuellen Situation.

KURZBIOGRAFIE

Tony Blair | Englischer Premierminister, wurde am 6. Mai 1953 im schottischen Edinburgh geboren. In Oxford studierte der Sohn wohlhabender Eltern am St. John's College Jura und trat anschließend in eine Rechtsanwaltskanzlei ein. Das Interesse des Arbeitsrechtlers konzentrierte sich bald auf die große Politik und deren Reform. 1983 für die Labour-Partei ins Unterhaus gewählt, war er von 1984 bis 1987 Labour-Sprecher für Finanz- und Wirtschaftspolitik. 1994 wurde er zum Parteivorsitzenden gewählt, und sein Erfolg wurde zum Erfolg für Labour. Seit Mai 1997 trägt Tony Blair als jüngster Premierminister Großbritanniens die Verantwortung für die britische Politik. Die jugendliche Attitüde prägt immer noch jeden Auftritt des nun fast 50-Jährigen. Sein »Dritter Weg« ist der in die politische Mitte.

Klar und gerade: richtungweisend

Tony Blair sucht Berührungspunkte zwischen Gefühl und Ratio oder zwischen zwei unterschiedlichen Standpunkten, die er vorläufig noch nicht zusammenzubringen weiß.

Ein Politiker, der, wenn es nötig ist, weit zu greifen versteht. Hat er es König Georg II. auf dem Gemälde abgeschaut? Wie sich die Bilder gleichen!

Ganz nach außen gewandt, erteilt er dem Partner das Wort. Die leicht nach oben gezogenen Augenbrauen signalisieren, dass er **auf Antwort wartet,** zumindest, dass er sein Gegenüber zu fragen scheint: »Hast du mich verstanden?«, gleichzeitig aber die kommunikative Bereitschaft beweist, alles gern noch einmal zu wiederholen. Dennoch löst er seine Position nicht auf. Der linke Arm bleibt als Schranke zwischen den Partnern, die Hand auf seinen Konzepten.

Der Zeigefinger wirkt eher **belehrend** als dominant, da er nicht wirklich ausgestreckt wird.

Hier versucht einer etwas zu tragen. Er will etwas Greifbares in Händen haben. Ein Mann mit **Handlungsbedarf.**

Wonach riecht es? Passt es mir oder passt es mir nicht? Es handelt sich um einen Moment der **Verlegenheit** und erweckt die Frage danach, wie man selbst zu einer Sache steht.

Der Mund akzeptiert nicht, was die Augen sehen. Wieder sind die Brauen hoch gespannt. Ein Mensch, der vieles **in Frage stellt.**

KURZBIOGRAFIE

Rolf-Ernst Breuer | Banker, wurde am 3. November 1937 in Bonn geboren. Unmittelbar nach dem Abitur im Jahr 1956 begann er mit einer Banklehre seine Laufbahn, und es wurde eine Bilderbuchkarriere daraus. Der Lehre folgte ein Jurastudium, das er 1967 mit der Promotion abschloss. Die Deutsche Bank wurde, war und blieb seine berufliche Heimat. Von 1997 bis 2002 saß er auf dem Stuhl des Vorstandsvorsitzenden. Sein Erscheinungsbild ist Rolf-Ernst Breuer wichtig. Der traditionell korrekte Anzug des Bankers ist bei ihm zu einer gewissen Festlichkeit gesteigert. Die häufig hochgezogenen Brauen verraten größte Aufmerksamkeit, aber auch das Bewusstsein eigener Bedeutung.

Breuer

Zählen weist auf systematisches Denken:
Alles präzise und alles schön der Reihe nach!

Als Verleger will er global zupacken, empfindet jedoch die Verantwortung als persönliche **Last,** wie die angehobenen Schultern und die verkrampfte Nackenpartie zeigen.

Neben dem Politiker und dem Journalisten wirkt Hubert Burda eher **in sich gekehrt.** Deutlich nimmt er mehr durch das auditive System wahr als durch den optischen Reiz: Er hört einfach zu.

Die Füße scheinen den Boden zu verlassen. Löst sich der Verleger gelegentlich gern vom Boden der Realität, um sich in **künstlerische Sphären** zu retten?

KURZBIOGRAFIE

Hubert Burda | Verleger, wurde am 9. Februar 1940 in Heidelberg geboren. Sein Beruf wurde ihm in die Wiege gelegt. Der dritte Sohn des Verlegerehepaars Aenne und Franz Burda wuchs in die Verlagsarbeit hinein und machte sie konsequent zur eigenen Sache. Nach dem Studium von Kunstgeschichte, Archäologie und Soziologie in München absolvierte er in New York Volontariate beim »Times-Magazin« und der Werbeagentur Young & Rubicam. Über mehrere Funktionen und Positionen, so als Chefredakteur der Illustrierten »Bunte«, war er es, der nach dem Tod des Vaters die Leitung des Burda-Verlags übernahm. Er lancierte neue Zeitschriften wie »Focus« und entschloss sich früh für die Neuen Medien. Als Freund der Künste und der Künstler ist Hubert Burda vielfach sponsorisch tätig – und keineswegs nur durch die Verleihung der viel begehrten Bambi-Trophäe.

Burda

Innig und beseelt

Fast schüchtern nimmt er die Umarmung an, aber lieber hätte er sich zurückgezogen.

»Ich will es so!« Die geballte Faust, die nach unten gezogenen Brauen und der vorgestülpte Mund zeigen ungebremsten **Durchsetzungswillen.**

Gefährliche Kinderspiele: Daumen und Zeigefinger bilden eine **Pistole.**

Präzise (die Hand zeigt es) und mit kleinen Schritten auf dem Weg nach vorn, was seine Neigung zu **Detailarbeit** unterstreicht.

Der nach vorn gedrehte **Handrücken verdeckt** alle persönlichen Gefühle.

»Es muss so geschehen (Zeigefinger), aber es **gefällt mir nicht.«**

KURZBIOGRAFIE

George W. Bush | Präsident der Vereinigten Staaten von Amerika, wurde am 6. Juli 1946 in New Haven, Connecticut, als ältester Sohn des ehemaligen US-Präsidenten George Herbert Walker Bush geboren. Er wuchs in Midland, Texas, auf. Es folgten Studium in Yale, Eintritt in die Air National Guard und nach dem Besuch der Harvard Business School der Start ins Ölgeschäft. Mit 40 trat Bush der methodistischen Glaubensgemeinschaft bei, ging nach Washington D.C. und arbeitete im Team seines Vaters für die Präsidentschaftswahlen von 1988. Zurück in Texas, managte er das Texas Rangers Baseball Team und wurde ein reicher Mann. Inzwischen war er auch zum Gouverneur von Texas aufgestiegen. Seit dem 20. Januar 2001 ist George W. Bush amerikanischer Präsident.

Bush

Genau so! Seine lebendige Mimik lässt Bush hier enthusiastisch wie ein Kind erscheinen.

Die herabhängenden Arme sind ohne Bewegung: **Erst schauen,** dann handeln.

Fein und genau. Und die hochgezogenen Brauen heischen Aufmerksamkeit, fragen sozusagen nach.

Wenn er könnte, hätte er gern die ganze Welt unter seine **Hände** gebracht.

Die offenen Hände geben **nicht von Herzen.** Das zeigt der Gesichtsausdruck. Oder handelt es sich überhaupt nur um eine kleine offene Frage?

Alle Angebote sollen erst einmal **klein** gehalten werden.

KURZBIOGRAFIE

Jacques Chirac | Französischer Staatspräsident, wurde am 29. November 1932 in Paris geboren. Der Sohn eines Bankangestellten nahm seinen Weg in die Politik über das Studium der Politikwissenschaften in Paris und Harvard. Den 30-Jährigen holte Premierminister Georges Pompidou in den Kreis seiner Mitarbeiter, zehn Jahre später war er Landwirtschaftsminister und wiederum zwei Jahre darauf Premierminister unter Valéry Giscard d'Estaing. Die Jahre brachten ein Auf und Ab der Karriere auf hohem Niveau. Es war schließlich die Gefahr, die von dem rechtsextremen Präsidentschaftskandidaten Le Pen auszugehen schien, die Jacques Chirac 2002 mit exorbitanter Stimmenzahl wieder auf den Präsidentenstuhl katapultierte.

Chirac

Ein solcher Appell richtet sich nicht an den Verstand, sondern an das verstehende Gefühl, gerade wenn die Argumente nicht klar definiert sind.

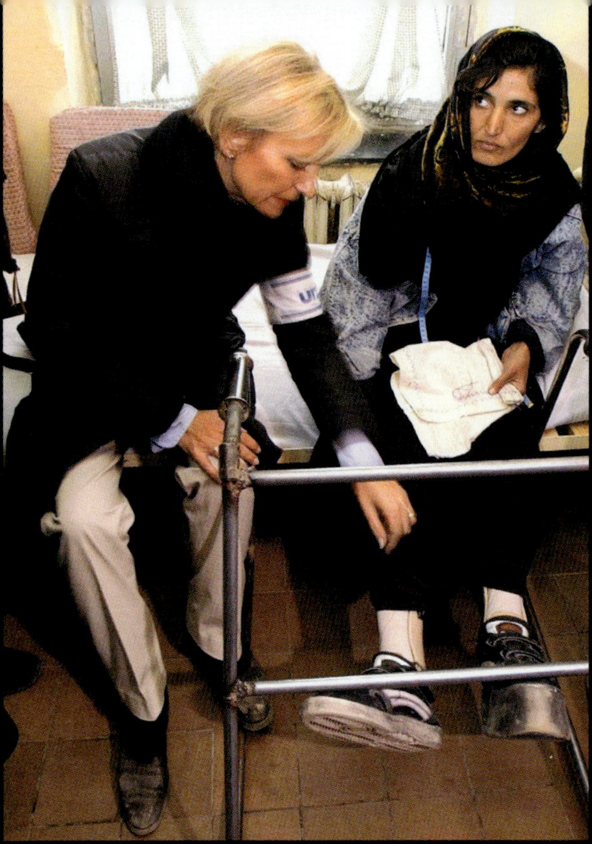

Kommunikative Menschen haben keine Scheu vor Körperkontakt.

KURZBIOGRAFIE

Sabine Christiansen | Fernsehjournalistin, wurde am 20. September 1957 im holsteinischen Preetz geboren. Sie hat das Handwerk der journalistischen Arbeit in Rundfunk und Fernsehen von Grund auf gelernt. Nach dem Volontariat beim NDR in Hamburg und Kiel ging sie ins Wirtschaftsressort des NDR, moderierte Mitte der 80er-Jahre das »Hamburg-Journal« und stieg als Co-Moderatorin von Hanns Joachim Friedrichs in die »Tagesthemen« ein. Zehn Jahre blieb sie »Miss Tagesthemen« und erwarb nebenbei auch Prominenz. Seit 1998 existiert nun ihre eigene Talkshow, die – wie es mehr und mehr Mode wird – den Namen der Moderatorin trägt: »Sabine Christiansen«. Ehrungen und Preise für ihre journalistischen Leistungen blieben nicht aus, u.a. Goldene Kamera, Bambi und im Jahr 1995 die »Besondere Ehrung« des Adolf-Grimme-Instituts.

Christiansen

Die beringten Finger der Hand (Gefühlsfinger, also der traditionelle Ringfinger, und der kleine oder Gesellschaftsfinger) weisen auf ein Bedürfnis nach Gefühlszuneigung wie nach gesellschaftlicher Anerkennung.

Gefühle werden durch die Ratio (rechte Hand) beherrscht.

Die Brille am Mund zeigt **Aufnahmebereitschaft;** der Blick wartet ab.

Zuneigung dem Partner gegenüber. Die Haltung ist ganz Aufmerksamkeit. Die beiden bilden mit den übergeschlagenen Beinen einen **inneren Kreis.**

Dem Partner abgeneigt? Die Hand der Moderatorin blockiert. Die übergeschlagenen Beine zeigen in die Gegenrichtung.

Zwar hält sie eine winzige Distanz, doch zeigt der Griff in den Nacken des Gegenübers, dass sie sich nicht scheut, an empfindlichen Stellen zuzugreifen.

Trotz anderweitig gewecktem Interesse lässt er nicht frei, was er im Arm hat. **Er führt** sie mit der rechten Hand, und sie blockiert ihn sanft an der rechten Schulter. Die Blicke zeigen: Sie haben Unterschiedliches im Auge.

Die Kopfhaltung des Regisseurs bleibt **zurückhaltend.** Seine Hand lädt den Partner ein, näher zu kommen, statt dass er ihm selbst entgegenkommt.

Er ist interessiert, wie die erhobenen Augenbrauen zeigen; der Körper jedoch ist **nicht beteiligt,** bleibt »ganz bei sich«.

Sie schaut ihn fragend an, aber seine Augen suchen alle Antwort **bei sich selbst.**

KURZBIOGRAFIE

Helmut Dietl | Regisseur und Autor, wurde am 22. Juni 1944 in München geboren. Seine berufliche Laufbahn begann er als Aufnahmeleiter beim Fernsehen und als Regieassistent an den Münchner Kammerspielen. Sein Ruf gründet sich auf die Fernsehserien, die er selber schreibt und als Regisseur gestaltet. Es sind »Münchner Geschichten«, wie auch der Titel der ersten Serie lautet; ihnen folgten u.a. »Monaco Franze« und »Kir Royal«, Milieustudien, von intimer Kenntnis und minutiöser Realisation getragen. Der Kinofilm »Schtonk« um die gefälschten Hitler-Tagebücher wird ein internationaler Erfolg; die Preise purzeln nur so: u.a. Filmbänder in Gold, außerdem Golden-Globe- und Oscar-Nominierung. Mit dem Film »Rossini« wies sich Helmut Dietl endgültig als Gesellschaftskritiker und parodistischer Satiriker aus. Der unermüdliche Arbeiter ist im Übrigen Teil der Gesellschaft, die er aufs Korn nimmt.

Dietl

Er wartet. Der Blick der weit geöffneten Augen ist im Grunde in sich gekehrt. Er scheint nicht wirklich ausschauen zu wollen. Seine Sensibilität macht ihn verletzlich.

So genau soll es sein, wie ein Faden durch ein **Nadelöhr** geht.

Gefühlsbetonte Menschen können manchmal gewisse Realitäten gar nicht fassen.

Die offene Handbewegung deutet auf gefühlsbetontes Bewegtsein, während die seitlich gerichteten Augen noch nach der angemessenen Formulierung dieses Gefühls **suchen.**

Die linke Hand versucht den Überschwang des anderen zu **bremsen.** Des Sängers Blick zur Kamera zeigt, dass er emotional überhaupt nicht beteiligt ist.

KURZBIOGRAFIE

Placido Domingo | Spanischer Sänger, wurde am 21. Januar 1941 in Madrid geboren. Mit seinen Eltern, die beide ausgebildete Zarzuela-Sänger waren, übersiedelte der Achtjährige nach Mexiko. Am Konservatorium von Mexico City studierte er Gesang, Klavier und Dirigieren. Er debütierte 1960 in Monterrey als Alfredo in Verdis »La Traviata«. Es folgten Engagements an der Israel National Opera in Tel Aviv, der New York City Opera und schließlich an der New Yorker Met, wo er inzwischen in mehr als 600 Aufführungen und über 40 verschiedenen Rollen auftrat. Sein Repertoire umfasst so gut wie alle nennenswerten Tenorpartien der italienischen und französischen Oper, doch, stets auf der Suche nach neuen Herausforderungen, hat er sich auch an die deutsche Oper gewagt, in erster Linie an Wagner. Mit José Carreras und Luciano Pavarotti füllt Placido Domingo die Arenen als einer der »Drei Tenöre«. Zunehmend tritt er auch als Dirigent auf; seit 1996 ist er musikalischer Leiter der Washingtoner Oper.

Domingo

»Ich würde ja gern **anonym** sein« (Sonnenbrille). »Aber berühmt zu sein ist mir doch lieber.«

Die eigene **Aggressivität** schafft ihm Unbehagen. Die linke Hand bleibt passiv, und der dominante Daumen versteckt sich hinter dem Zeigefinger.

Beide Hände führen die **Argumentation** in engen Bahnen.

Der Politiker behält Informationen für sich. Beim Händedruck zieht er die Handmitte zurück, um dem vollen Kontakt mit dem Gegenüber **auszuweichen.** Zwischen den Händen der Partner entsteht ein Hohlraum.

Hans Eichels linker Fuß **verlässt den Boden:** Hier haben Gefühle keinen Platz, nur harte Fakten zählen.

»Wenn es nötig ist, bin ich bereit, **Details** zu überspringen.«

KURZBIOGRAFIE

Hans Eichel | Politiker, wurde am 24. Dezember 1941 in Kassel geboren. Seinen Studienfächern ist der große Rechenkünstler, zu dem er als Bundesfinanzminister in der Regierung Schröder zu werden hatte, noch nicht anzusehen. Er studierte nämlich Germanistik, Philosophie, Politikwissenschaften und Geschichte in Marburg und Berlin. Der schnurgerade gezogene Scheitel schien ihn schon eher als einen Mann von bestimmender Neigung zur Genauigkeit auszuweisen. Bereits in jungen Jahren engagierte er sich für die Sozialdemokratie, trat 1964 in die Partei ein. In seiner Heimatstadt Kassel führte Hans Eichel von 1970 bis 1975 die Rathausfraktion der SPD und wurde 1975 zum Oberbürgermeister gewählt. 1991 erreichte er das Amt des hessischen Ministerpräsidenten, das er 1999 nach der verlorenen Hessenwahl wieder abgeben musste. Der nächste Karrieresprung folgte auf dem Fuße: Am 12. April 1999 fand er sich als Bundesfinanzminister wieder.

Eichel

»An der Nase lasse ich mich nicht herumführen. Ich **spüre** (linke Gefühlshand) genau, was hier gespielt wird!«

Wie pure Offenheit auch **Selbstschutz** sein kann, zeigt dieses Foto, auf dem Anke Engelke unbefangen und überhaupt nicht körperscheu an ihren Busen fasst und ihn in derselben Bewegung schützt.

Was das Spiel von Standbein und Spielbein kann: Zum Standbein wählt sie fast immer das rechte Bein, während das linke in Bewegung ist. In der dynamischen Bewegung offenbart sich nicht nur Gefühlsintensität, sondern auch **Verletzbarkeit.**

Das **verletzliche** Spielbein einmal real bandagiert. »Da kann man nichts machen!«

KURZBIOGRAFIE

Anke Engelke | Comedy-Star und Moderatorin, wurde am 21. Dezember 1965 in Montreal geboren. 1971 zog die Familie nach Köln; Anke kam in die Schule und sang im Kinderchor. Das Showtalent meldete sich früh zu Wort, und schon im Alter von 14 Jahren stand sie als Moderatorin der täglichen Kindersendungen auf der Funkausstellung im ZDF-Ferienprogramm vor der Kamera. So sang und moderierte sie sich weiter durch die Fernsehprogramme. Mit 22 fand Anke Engelke ihr Metier und alberte sich fröhlich durch die Comedy-Serien »Wochenshow« und »Danke Anke«; 1999 startete sie mit einer eigenen TV-Show, und die hieß schlicht »Anke – Die Comedy-Serie«. Ihre aktuelle Show trägt, dem Genre entsprechend, den Titel »Ladykracher«. Auch als Filmschauspielerin agierte das resolute vielseitige Talent: »Das Liebesluder« (2000). Die Arbeit der Komödiantin wurde mit Preisen belohnt: Grimme-Preis Spezial, Zuschauerpreis der Goldenen Kamera, Romy und 2001 der Comedy-Preis.

Engelke

Vorsicht! Wer die Füße gerade voreinander setzt, droht im Streit zwischen Gefühl und Ratio leicht über die eigenen Beine zu stolpern. Große Schritte dagegen zeigen: Details sind nicht so wichtig.

Anke Engelke mit Töchterchen: Sich selbst zu akzeptieren gibt ihr die Stärke, sich mit **Unbefangenheit** komödiantisch zu verwandeln.

Die Hand, nur locker an die Nasenwurzel gelegt, bleibt frei zu agieren; obwohl der Blick nach innen geht und der Selbstgestaltungsfinger, Mittelfinger, die Bewegung bestimmt.

Der Konzernchef demonstriert gelassene Männlichkeit mit seinem gepflegten Bärtchen, das, sorgfältig ausrasiert, die Oberlippe frei lässt, damit sich keine Speisereste daran heften können. Das weiche Lächeln erscheint nicht wirklich offen, es lässt an Maske und Tarnung denken.

Der in die Schultern gezogene Kopf, die halb ausgestreckten Hände sagen: »Bitte, ich kann nichts dafür!«

Der scheidende und der kommende Chef. Bernd Fahrholz versucht den Vorgänger zu sich herüberzuziehen. Ist es nur eine Geste für die Öffentlichkeit? Jedenfalls fällt das Lächeln eher offiziell aus.

KURZBIOGRAFIE

Bernd Fahrholz | Vorstandsvorsitzender der Dresdner Bank AG, wurde am 4. August 1947 in Oldenburg geboren. Sein Jurastudium in Göttingen und Hamburg schloss er mit der Promotion ab. Der freundliche Niedersachse, der sich nicht so leicht in die Karten schauen lässt, war bereits 1977 als Syndikus in die Dresdner Bank eingetreten. Er machte kontinuierlich über mehrere Stationen Karriere in dem Traditionshaus – bis es ihm ging wie im Theater, wenn plötzlich der Hauptdarsteller ausfällt und ein anderer die Chance bekommt, für ihn einzuspringen. Als sein Vorgänger, Bernhard Walter, nach den geplatzten Fusionsplänen mit der Deutschen Bank seinen Hut nahm, folgte ihm Bernd Fahrholz an der Konzernspitze nach. Die Eingliederung der Dresdner Bank in den Allianz-Konzern erwies sich als neues Terrain für sein Verhandlungsgeschick. Er nimmt eine Honorarprofessur an der Johann-Wolfgang-Goethe-Universität in Frankfurt am Main wahr.

Fahrholz

Beide Zeigefinger nach oben zu strecken ist verräterisch: »Ich weiß es besser!«

Pose, die ihrer Rolle entspricht: offener Mund und rezeptive Lippen. Es gehört zu Veronas Image, unentwegt fröhlich zu sein.

Zu Besuch bei der Formel 1 im britischen Silverstone. Gesten der **Unsicherheit** sind zu sehen. Der rechte Arm liegt wie eine Sperre quer über der Brust; die Hand schiebt ungeschickt das Haar zurück, das Lächeln wirkt verlegen und gar nicht breit, wie sonst: »Kennt mich hier denn niemand?«

KURZBIOGRAFIE

Verona Feldbusch | TV-Star, Tochter einer bolivianischen Mutter und eines deutschen Vaters, wurde am 30. April 1968 in La Paz geboren. Bereits im Kindesalter kam sie mit den Eltern nach Deutschland. Früh erwies sie sich als ebenso unternehmungslustig wie geschäftstüchtig. Als blutjunges Model und bei Misswahlen, bei denen sie mehrmals gewinnt (u.a. Miss Germany 1995), begann sie ihren Weg ins Showgeschäft: von der Boutique-Besitzerin zur Popsängerin (einschließlich Goldener Schallplatte) und 1996 auf das Podium, das sie bald beherrschen sollte – die TV-Show »peep« machte Verona Feldbusch republikweit bekannt. Woher kommt ihre raffinierte Mischung aus »netter« Erotik und Naivität? Ist Verona eine Art Kunstprodukt, sind die hübschen Versprecher eingeplant? Sie vermarktet sie ja längst als Werbespots (»Hier werden Sie geholfen«). So spielt sie Lockerheit und Fröhlichkeit, die sie gleichzeitig von Natur aus besitzt und für die Show, den Auftritt, übersteigert.

Bewegungen, die sich in verschiedenen Situationen wiederholen: Das Gefühl (linke Hand) versucht Argumente vorzulegen, die von der Ratio (rechte Hand) akzeptiert werden sollen. Es handelt sich um einen Moment der Konzentration, der die Maske der bloßen Heiterkeit verschwinden lässt. Bei Verona gelingt es nicht, Gefühl und Ratio auseinander zu dividieren.

Wird der Po deutlich nach rückwärts geschoben, entsteht eine Spannung wie beim gespannten Bogen. Die altbewährte **Pin-up-Position.** Der offene Mund mit den rezeptiven Lippen zeigt ein ebenso erprobtes Erotik-Klischee.

Zwar reckt Verona den Kopf, um ihr Lachen **demonstrativ** zu machen, aber sie lacht hier wirklich; und da sie weiß, dass sie beobachtet wird, schützt sie sich unwillkürlich mit der linken Hand, die sie quer über ihren Körper führt. Mit dem rechten Arm versucht sie ihr Territorium zu wahren.

Er gehört zum **»Hinter«-Grund.**

Ein **lockerer Moment** ohne Anspannung, ohne den Zwang, unausgesetzt fröhlich zu sein und Lachen zu produzieren oder den begehrenswerten Körper ins rechte Licht zu setzen.

Die Halspartie, die verkrampfte Hand- und Fingerhaltung zeigen Anspannung und **Stress** bei dem frohsinnigen Star.

Schöne Maske: Lachend die Zähne zeigen, ohne dass die Augen mitlachen, baut unvermeidlich eine starke Spannung im Körper auf, die durch eine laute Stimme oder lautes Lachen abgebaut wird. Übrigens zeigt Verona mit ihrer Hand auf Gottschalks Arm ihre Dominanz.

Kleine Schritte weisen auf eine Neigung zum Detail. Wer aber so, wie Veronica Ferres es hier tut, einen Fuß stets genau vor den anderen setzt, stellt sich manchmal selbst ein Bein bei Entscheidungen zwischen Gefühl und Ratio. Die linke (Gefühls-)Hand wird schwungvoll bewegt, weist aber vom eigenen Körper weg. Nimmt sie sich selbst **vor ihren Gefühlen in Acht?**

Sie kratzt sich **ungeniert am Kopf,** sucht nach einer Antwort. Dabei stört es sie gar nicht, ihre Frisur durcheinander zu bringen.

Einmal ganz **locker:** Der Gesichtsausdruck ist sehr weich, aber die Stuhllehne soll doch schützen.

Sie posiert nicht, sondern steht gerade und dabei locker zu ihrer Erscheinung (Standbein) und zu ihrem momentanen **Gefühl.**

KURZBIOGRAFIE

Veronica Ferres | Schauspielerin, wurde am 10. Juni 1965 in Solingen als Tochter eines Kartoffelhändlers geboren. Sie studierte in München Germanistik und Theaterwissenschaft, nahm Schauspielunterricht in Wien. Der Weg zum Starruhm war weder kurz noch dornenlos. Doch die beherzte Schauspielerin, die gern die ganze Palette ihrer Möglichkeiten ausspielen will, setzte sich durch. Man kann Veronica Ferres schon lange nicht mehr festlegen auf das Malermodell in »Schtonk« oder auf das zum Schlagwort reduzierte »Superweib« von 1996. So spielte sie 1999 Goethes Christiane auf der Leinwand ebenso intensiv und glaubwürdig wie, 2002 auf der Theaterbühne bei den Salzburger Festspielen, die Buhlschaft in Hofmannsthals »Jedermann«.

Ferres

Im Gespräch: Die linke Hand steht unter Spannung, die Argumente behält sie bei sich. Der Kopf bleibt gerade, der Blick ist **konzentriert** und ganz ohne Koketterie. Wenn nötig, kann sie auch konfrontieren.

Ein bisschen Pose: Die Schauspielerin hält ihren Kopf mit der rechten Hand, was **Rationalität** betonen soll. Sie stützt die Neigung des Kopfes ab, um nicht zu weich zu wirken.

Starke Mimik weist auf die eigene Involviertheit.

Eine außergewöhnliche Gesprächsposition: Joschka Fischer wendet sich ganz der Kollegin zu, indem er nicht nur die Schulter öffnet und den Kopf zu ihr dreht, sondern den Sessel umdreht und sich Renate Künast damit vollständig widmet.

KURZBIOGRAFIE

Joschka Fischer | Politiker, wurde am 12. April 1948 in Gerabronn (Baden Württemberg) geboren. Seine Eltern hatten als Ungarndeutsche Budapest im Jahr 1946 verlassen müssen. Die Gymnasiallaufbahn brach er vor dem Abitur ab, versuchte sich an einer Lehre als Fotograf, riss aber lieber für ein Jahr in die Welt aus. Noch keine 20 Jahre alt, heiratete er in Gretna Green und traf, wieder in Deutschland, auf die Studentenbewegung, die von nun an sein Leben bestimmt. 1977, er war beinahe 30, wendet er sich von den radikalen politischen Gruppen ab. Die politische Szene sah Joschka Fischer fünf Jahre später wieder, bei seinem Eintritt in die Partei der Grünen. Sein Auftritt in Turnschuhen, dem Symbol einer ganzen Generation, erregte einiges Aufsehen, nicht mehr allerdings als später seine Verwandlung zum Außenminister in Schlips, Anzug und Weste. Es heißt also in seinem Fall nicht: Zeige mir, wie du dich anziehst, und ich sage dir, wer du bist, sondern: Zeige mir, was du anziehst, und ich sage dir, was du vorhast.

Fischer

»Sind wir nicht ein schönes Paar?« So scheint es, aber Fischers linke (Gefühls-)Hand steckt unter dem Griff der Vernunft. Der linke Arm, um die Sessellehne geschlungen, blockiert.

So lassen sich ein Gefühl und eine Bitte miteinander verknüpfen.

Vereinnahmung: Ganz zu sich herüberziehen möchte Jassir Arafat den deutschen Außenminister; der lässt die Bewegung zu, blockiert nicht und hält dennoch skeptische Distanz.

Zwei Temperamente: Auf Fischers Seite Zuneigung, auf der Seite von Schimon Peres eisige Zurückhaltung.

Gespannt und ernst hört der Politiker Fischer zu. Der leicht geneigte Kopf zeigt an, dass er keine Konfrontation will, obwohl die zusammengepressten Lippen und der halb gezückte Dolch bei genauem Hinsehen Ungeduld andeuten.

Der Einzige, der Respekt und Anerkennung zeigt! Gilt sein Applaus jemandem aus der eigenen Partei?

Noch einmal **Kleiderwechsel:** Vor der grünen Partei tritt Fischer anders auf als auf dem diplomatischen Parkett. Denn »Grün ist der Wechsel«.

Bescheiden und mit sanftem Lächeln lässt sich der deutsche Außenminister von Kofi Annan führen.

Ein Entertainer wie aus alter amerikanischer Schule. Die vollkommene **Selbstdarstellung** gehört zur Show.

Wo ist die ganze **Energie?** Ist er einmal locker, sind die Augen fast geschlossen. Vielleicht hebt Michel Friedman die Augenbrauen ganz unwillkürlich, um sich selbst in Spannung zu setzen.

KURZBIOGRAFIE

Michel Friedman | Bundestagsabgeordneter der CDU, Vizepräsident des Zentralrats der Juden in Deutschland und Talkmaster im ARD-Fernsehen, wurde am 25. Februar 1956 in Paris geboren. Seine Herkunft aus einer jüdisch-polnischen Familie, die der Unternehmer Oskar Schindler vor den Nazi-Schergen rettete, hat ihn stark geprägt, was zu seinem späteren Engagement in der Politik und der jüdischen Gemeinde führte. Von Paris siedelte die Familie 1965 nach Frankfurt am Main über, wo sich Michel Friedman 1988 als freier Rechtsanwalt niederließ. Schon 1983 war er der CDU beigetreten, wurde Stadtverordneter in Frankfurt und bewährte sich in mannigfachen Aufgaben, u.a. als Mitglied des ZDF-Fernsehrates. Die Nähe zu dem Medium, nach dem er strebte, war gegeben, und er bewies sich mehr und mehr als scharfzüngiger Fernseh-Talker. In dieser Rolle scheint er die Konfrontation mehr zu lieben als den Gleichklang; also provoziert er seine Gäste fröhlich und lässt mit Fragen nicht locker. Langweilig wird es auf diese Weise nie. Ob er sich damit beliebt macht, ist eine andere Frage. Doch schließlich heißt die Sendung: »Vorsicht! Friedman«.

Friedman

Bei einem Menschen, an dem jede Kleinigkeit perfekt zu sein scheint, von der Manschette bis zum Einstecktuch, kann Lockerheit leicht gespielt aussehen.

Genauigkeit als Instrument der Argumentation
(Daumen und Fingerspitze)

Beschwichtigen und vereinnahmen: Michel Friedman lässt sich immer wieder von seinem Temperament verführen, die territorialen Grenzen gegenüber seinen Gesprächspartnern zu überschreiten.

Den Partner (hier Fritz Kuhn) scheint die Berührung nicht zu stören. Das könnte auch ganz anders sein.

Er lässt sie (hier Doris Schröder-Köpf) nicht aus.

Die Hand auf dem Arm des anderen (hier Jerzy Kanal) will beschwichtigen, bleibt jedoch dominant.

Aufmerksames **Zuhören** signalisieren die gehobenen Augenbrauen. Der über die Lippen gelegte Zeigefinger bremst die eigene Äußerung und sensibilisiert mit Fingerkuppe und Lippen zu gesteigerter Aufnahme.

Ein so deutlich hochgestreckter Daumen steht für den stark ausgeprägten Wunsch nach **Dominanz.**

KURZBIOGRAFIE

Bruno Ganz | Schweizer Schauspieler, wurde am 22. März 1941 in Zürich geboren. Seine Schauspielschule war das Zürcher Bühnenstudio. Das erste Theaterengagement fand er in Göttingen; entscheidend für seinen künstlerischen Weg war die Begegnung mit dem Regisseur Peter Stein mit Gastrollen an den Münchner Kammerspielen und dem Schauspielhaus Zürich. 1970 ging er mit Peter Stein an die Berliner Schaubühne am Halleschen Ufer, wo Stein eine neue Theaterkultur auf den Weg brachte und Bruno Ganz, neben der Ausnahmeschauspielerin Jutta Lampe, einer seiner wichtigsten Protagonisten wurde. Filmrollen schlossen sich an unter der Regie u.a. von Eric Rohmer, Werner Herzog und Wim Wenders, dessen Filme »Der amerikanische Freund« (1977) und »Der Himmel über Berlin« (1987) zu den Lieblingswerken des sensiblen Schauspielers zählen. Theaterproduktionen mit Peter Zadek, Luc Bondy und Klaus Michael Grüber folgten und 2001 dann die Rolle des alten Faust in Peter Steins integraler Inszenierung beider Teile von Goethes Weltendrama.

Ganz

Mit dem gebogenen kleinen Finger berührt der Schauspieler sein Gesicht und stimuliert damit den Wunsch nach **sozialer Anerkennung** auf ganz bescheidene Weise. Die gehobenen Augenbrauen und die weit geöffneten Augen deuten auf momentanes Erstaunen.

Verinnerlichte Selbstdarstellung: »So wie ich bin, bin ich gern. Man muss mich einfach **lieben!«**

Warum nicht auch mal als **»Engel** der Nation«?

Der Zeigefinger versinnbildlicht den Wunsch, bei allem Spaß auch zu **belehren.**

Jeder pflegt ein Image anders. Zwei bei der gleichen Ehrung: »So, glaube ich, will mein Publikum mich (Gottschalks Handbewegung) nicht sehen!« Die Rolle wird **zur zweiten Natur.**

KURZBIOGRAFIE

Thomas Gottschalk | Showmaster, wurde am 18. Mai 1950 in Bamberg geboren. Deutsch und Geschichte waren die Fächer seines Lehramtsstudiums. Schon als 21-Jähriger fand er als freier Mitarbeiter zum Medium Funk, das sich für das ausgemachte Showtalent sehr bald in das Medium Fernsehen verwandelte. Mit »Wetten, dass ...?« erlangte Gottschalk immense Popularität. Seine lockeren Sprüche und die vor allen Dingen in den Anfängen herausragende natürliche Schlagfertigkeit machten ihn zum weitaus beliebtesten Showmaster der Republik. Gekleidet wie ein modisch angehauchter Popstar, blieb Thomas Gottschalk über Jahrzehnte seinem jugendlichen Image treu.

Gottschalk

Thomas Gottschalk liebt die **Kostümierung,** und die Rolle des Clowns steht ihm gut zu Gesicht.

Wer sähe es dem sanften Ausdruck dieses Porträts von Steffi Graf an, welches Temperament sie auf dem Tennisplatz entwickelt. Ihr geht es wie vielen Sportlern, die ihren Emotionen nur auf dem Sportplatz freien Lauf lassen können, wenn die hohe **Adrenalinausschüttung** es verlangt. Dabei zeigt, gerade auf den »stillen Bildern«, die betonte Stellung der linken (Gefühls-)Hand ihr starkes emotionales Potenzial.

Beinahe derselbe Kontrast: Steffi Graf, wie sie eine Antwort in ihrer **Gefühlswelt** sucht (linke Hand), und dieselbe Frau, wie sie Freude und Erleichterung nach einem siegreichen Tennis-Match herausschreit.

KURZBIOGRAFIE

Steffi Graf | Tennisstar, wurde am 14. Juni 1969 in Brühl geboren. Ihr Talent wurde bereits im frühen Kindesalter entdeckt und systematisch gefördert. Vater Graf errichtete in Brühl ein Tenniszentrum, das der damals 7-Jährigen zur sportlichen Heimat wurde. Bereits mit 12 Jahren gewann Steffi Graf als erste Deutsche die Jugendmeisterschaft Orange Bowl in Florida. Mit 13 Jahren wurde sie Tennisprofi. Nun begann eine phänomenale Weltkarriere, zu der auch drei Wimbledon-Siege gehören.

Graf

Ein glücklicher Moment, auch einmal ohne Racket. Die linke Hand **bremst** den Ausdruck des Gefühls nur wenig und unterstreicht es sogar.

Der Schriftsteller, Grafiker und Bildhauer ist unablässig mit seinen Händen beschäftigt. Dies entspricht seinem Handwerk. Es fragt sich, ob es ihm auch darum geht, **Halt zu finden,** gleichgültig ob an inneren oder äußeren Haltepunkten. Jedenfalls bleibt Grass als ein Fragender zwischen zwei Punkten. Die Gegenstände, die er hält, verdeutlichen es. Immer tritt ein Gegenstand hinzu. Zur Tabakspfeife notwendigerweise das Streichholz, das aber auch eine unabhängige Funktion zu haben scheint; zum Federhalter wiederum die Pfeife. Anscheinend kann er nur schwer loslassen.

KURZBIOGRAFIE

Günter Grass | Schriftsteller, wurde am 16. Oktober 1927 in Danzig geboren. Nach Schulbesuch, Einberufung zum Luftwaffenhelfer und zum Arbeitsdienst zog er als Soldat bei der Panzerwaffe in den Krieg. Verwundung und amerikanische Kriegsgefangenschaft folgten. Seine künstlerische Laufbahn begann Grass als Steinmetzlehrling, dann nahm er sein Studium als Bildhauer und Grafiker auf. Zu schreiben hatte er längst begonnen. 1955 las er zum ersten Mal bei der »Gruppe 47«, 1958 erhielt er für die Lesung eines Kapitels aus seinem Roman »Die Blechtrommel« den Preis der Gruppe. Der Roman, dem eine stolze Reihe weiterer folgten, machte ihn schnell berühmt; 1999 erhielt Günter Grass den Nobelpreis für Literatur, u.a. mit der schönen Begründung, er habe »in munter schwarzen Fabeln das vergessene Gesicht der Geschichte gezeichnet«. Der Prototyp eines engagierten Schriftstellers hat es nie lassen können, sich in gesellschaftliche Zustände der Gegenwart einzumischen.

Grass

Sich selbst fest in die Hände nehmen. Dabei scheint es nicht zu stören, dass der **dominante** Daumen einen kleinen Druck ausübt.

Zwischen Gefühl und Ratio sichern die Fingerspitzen **Berührungspunkte.**

So bringt er die Dinge im Wechselspiel von Emotion und **Intellekt** auf den Punkt. Wie mit dem Florett ficht er mit Wort und Zeigefinger, ganz im Gegensatz zu Leuten, die mit dem Zeigefinger kommandieren.

Wer so intensiv an der Zigarette zieht, will das **Maximum** herausholen.

Übereinstimmung und Gegensatz: Die **lockere Haltung,** die Gregor Gysi mit Joschka Fischer teilt – ihre Füße bauen einen Kreis von Gemeinsamkeiten –, kontrastiert deutlich zur festen, breitbeinigen Standposition Guido Westerwelles, dessen durchgedrückte Knie jede Flexibilität blockieren.

Stößt er hier schließlich zu, trifft er vielleicht den Falschen.

KURZBIOGRAFIE

Gregor Gysi | Politiker, wurde am 16. Januar 1948 in Berlin geboren. Bevor er sein Abitur machen konnte, absolvierte er von 1962 bis 1966 eine Ausbildung zum Facharbeiter für Rinderzucht. Ein Jurastudium schloss sich an. 1976 folgte die Promotion zum Dr. jur., nachdem er sich bereits 1971 als Rechtsanwalt in Berlin niedergelassen hatte. Seine Tätigkeit als Anwalt von DDR-Bürgern, die von staatlichen Stellen verdächtigt oder verfolgt wurden, stellte ihn vor Aufgaben heikelster Art. Gysi bestreitet vehement, ein Helfer auch des Staatsapparates der DDR gewesen zu sein. Die Wende katapultierte den glänzenden Rhetoriker im Dezember 1989 an die Spitze der SED/PDS. Im Februar 1990 wurde er Vorsitzender der neuen alten PDS, schließlich Vorsitzender der Gruppe der PDS im Deutschen Bundestag und im Jahr 1998 Vorsitzender der PDS-Fraktion. Nicht sehr lange verweilte Gregor Gysi als Senator für Wirtschaft, Arbeit und Frauen im Berliner Senat von SPD und PDS. Die Zeit der Ämter scheint vorläufig vergangen.

Der Selbstgestaltungs-(Mittel-)Finger fällt hier genauso ins Auge wie der kleine Finger, der den Wunsch nach gesellschaftlicher Anerkennung transportiert.

Feinfühligkeit und Fingerspitzengefühl werden wirkungsvoll eingesetzt.

Dort ist das Ziel! Es liegt in weiter Ferne, doch der Politiker sieht es und strebt ihm förmlich zu.

Gelassen, konzentriert und selbstbewusst unter Gleichgesinnten: »Ich treffe das Ziel!«

Die Pose ist locker. Der ausgefahrene Mittelfinger betont Potenz und Selbstgestaltungswillen.

In leichte Verlegenheit gebracht, kratzt er sich den Kopf mit dem kleinen (Gesellschafts-)Finger. Öffentliches Ansehen ist ihm wichtig.

Auch hinter seinem Rücken darf nichts folgenlos bleiben. Der strafende Blick spricht eine klare Sprache.

KURZBIOGRAFIE

Jörg Haider | Österreichischer Politiker, wurde am 26. Januar 1950 in Bad Goisern (Oberösterreich) geboren. Der promovierte Jurist ging früh in die Politik; bereits mit 21 Jahren war er Sprecher der Jugendorganisation der FPÖ. Sein Karriereweg führte innerhalb von 15 Jahren bis zum Bundesvorsitz seiner Partei, die er entschlossen und durch sein stark populistisches Auftreten bis in die Regierungsbeteiligung mit der ÖVP führte. Viele Mitstreiter hat er auf diesem Weg verloren; der selbstbewusste Politiker ging anscheinend leicht darüber hinweg. Jörg Haider, der sich als Anführer der österreichischen Rechten sieht, geriet durch provozierende Aussagen zur politischen Vergangenheit und sozialen Gegenwart Österreichs im In- und Ausland in die Kritik. Gelegentlich droht er auch gern mit dem Rückzug aus der von ihm neu – und rechts – formierten Partei, nach dem Motto: Die werden schon sehen, was sie davon haben!

Haider

Ein Augenblick der Unsicherheit: Die Augen blicken seitlich, vermeiden die Konfrontation. Daumen und Zeigefinger halten die verbale Reaktion noch zurück, bereiten sich aber auf eine mögliche **Attacke** vor.

Ein wenig zu **hochnäsig,** wenn es um die Festlegung auf Daten geht, gleichgültig ob sie richtig sind oder verzerrt.

Die Umarmung scheint herzlich, aber André Heller bedarf einer gewissen **Distanz,** würde sich lieber auf sich selbst zurückziehen und weicht dem Blick Gerhard Schröders aus.

Die Sitzposition auf dem Boden im Schneidersitz soll Lockerheit ausdrücken. Doch die gespannte Handstellung spricht dagegen. Die stark dominierenden Daumen verraten **Durchsetzungsstärke.** Der Blick versucht die Kamera zu ignorieren.

Konzentriert beobachtet André Heller, was vor sich geht, und bereitet sich innerlich darauf vor, seinen Kommentar punktuell darzulegen. Wieder **ignoriert** er den Fotografen, als ob er ihn gar nicht bemerkt. Vielleicht um damit auszudrücken, dass ihn das Spiel mit der Öffentlichkeit einfach nicht interessiert? Für die Freundin neben ihm sieht die Sache ganz anders aus: Freundlich reagiert sie auf die Kamera.

KURZBIOGRAFIE

André Heller | Österreichischer Poet und Entertainer, wurde am 22. März 1947 in Wien geboren. Der Sohn eines Süßwarenhändlers, dessen Arbeiten gelegentlich einer gewissen Süßigkeit nicht entbehren, ist einer der vielseitigsten Künstler Österreichs. Er begann als Liedermacher, schrieb eine Reihe von Büchern und erwarb europaweite Bekanntheit mit seinen künstlerisch-artistischen Großprojekten, die dem alten romantischen Ziel einer Poetisierung der Welt dienen sollen: »Zirkus Roncalli«, »Flic-Flac«, ein Varieté, »Begnadete Körper«, eine Vorstellung chinesischer Akrobaten. Doch es gab auch weniger spektakuläre Inszenierungen, die etwa der Kultur der Roma oder den Glaswelten der Kristalle galten. Behutsam und mit ruhigem Ernst lässt er in dem 2002 gedrehten Film »Im toten Winkel« Traudl Junge, Hitlers Privatsekretärin der letzten drei Jahre im Führerhauptquartier, erzählen. Die Schauspielerin Erika Pluhar, die von 1970 bis 1984 mit André Heller verheiratet war, hat viele seiner Lieder zum Erfolg geführt.

Heller

Ganz unverstellt: Er bleibt in der Welt seiner Fantasie, auch wenn er aufmerksam zuhört.

Gestylt: Alles ist bedacht, was die gewünschte **Erscheinung** ausmacht, selbst der hochgestellte Kragen.

Die **Pistole** (Daumen und Zeigefinger) ist bereit. Der stechende Blick unterstreicht es: Ein Mann, der weiß, was er will.

Voll engagiert: Körperbewegung und Gefühl stehen ganz und gar in Einklang. Und Ottmar Hitzfeld weiß, wie es gehen soll: Der Zeigefinger oder auch die ganze Hand zeigen die **Richtung.**

KURZBIOGRAFIE

Ottmar Hitzfeld | Fußballtrainer, wurde am 12. Januar 1949 in Lörrach geboren. Sport und Mathematik waren seine Studienfächer, und ein bisschen Mathematik hilft wahrscheinlich auch auf dem Fußballfeld weiter, vor allem aber in der taktischen Vorbereitung. In der Öffentlichkeit und auf der Trainerbank stets korrekt gekleidet, hat Hitzfeld in seiner Attitüde durchaus etwas von einem Studienrat. Von seinem 11. Lebensjahr an spielte er Fußball, wurde 21-jährig Profifußballer und blieb es 13 Jahre lang. Seine Trainerlaufbahn begann 1983 in der Schweiz; dort erreichte er seine ersten Landesmeisterschaften. Spektakulär waren seine Erfolge mit Borussia Dortmund, und sie blieben es beim Rekordmeister F.C. Bayern München. Während des Spiels am Spielfeldrand verlässt Ottmar Hitzfeld zuzeiten die vornehme Zurückhaltung des Fußball-Lehrers: Da lässt er sich vom Geschehen auf dem Platz mitreißen, wird er in Gestik und Mimik zum Sportler unter Sportlern.

Hitzfeld

Dem Trainer entgeht nichts. Während er das Glas mit den **Fingerspitzen** zum Mund führt und in kleinen Schlucken trinkt, verlieren die Augen nichts von dem aus dem Blick, das um ihn vorgeht.

Der Zeigefinger und die fokussierenden Augen weisen auf starke **Konzentration** hin. Überlegt er noch oder weiß er schon die Antwort?

Die gespannte Mundpartie spricht davon, wie schwer es ist, ein Star zu sein.

Ende gut, alles gut! Ganz so gelassen wie der Partner kann sie den Augenblick nicht genießen.

Auch liebenswürdig zu sein kann sich als anstrengend erweisen.

KURZBIOGRAFIE

Christiane Hörbiger | Österreichische Schauspielerin, wurde am 13. Oktober 1938 in Wien geboren. Die Tochter des Schauspielerehepaars Paula Wessely und Attila Hörbiger studierte am Wiener Max-Reinhardt-Seminar. Theaterengagements folgten am Wiener Burgtheater, den Heidelberger Städtischen Bühnen, den Münchner Kammerspielen und u.a. dem Zürcher Schauspielhaus. Von Film und Fernsehen ließ sich die Schauspielerin nie ganz vereinnahmen, beides nahm aber mehr und mehr Raum in ihrem beruflichen Leben ein. Viele Serien waren dabei, die der Popularität der Wienerin im ganzen deutschsprachigen Raum nützten. Die Preise purzelten: Bayerischer Filmpreis 1987 für »Donauwalzer«, Bambi 1992 für »Schtonk«, Filmband in Gold 1994 für »Alles auf Anfang« und »Tafelspitz«, der österreichische Fernsehpreis Romy als beliebteste Schauspielerin für die Jahre 1992, 1996 und 1999. Diese Beliebtheit beruht nicht zuletzt auf Christiane Hörbigers Qualität als präzise Arbeiterin.

Viel sagende Pose: »Wenn nicht ich, wer sonst?« Die Hände sind offen, ziehen die Arme aber nicht mit. Vorsicht ist die Devise und Risikoscheu.

Die Pyramide der Hände bietet Schutz.
Die Augen zeigen: Der Moderator fühlt sich sicher.

Die linke (Gefühls-)Hand und die deutliche Vorzugsstellung von Profilierungs-(Mittel-)Finger und Zeigefinger sprechen eine klare Sprache: »Um richtig zu antworten, muss ich mich erst profilieren!«

»Was mir nicht gefällt, schiebe ich mit der Zunge weg.«

KURZBIOGRAFIE

Günther Jauch | Fernsehmoderator, wurde am 13. Juli 1956 in Münster geboren. Er wuchs in Berlin auf, besuchte in München die Deutsche Journalistenschule und begann 1976 seine journalistische Laufbahn beim Bayerischen Rundfunk. Von »Zeitfunk« und anderen Nachrichtensendungen ging es zur Sportreportage, vom Hörfunk zum Fernsehen. Das »Aktuelle Sportstudio« verhalf ihm zu großer Bekannt- und Beliebtheit, die ihm weiterhin treu blieb. Wie sein Kollege Thomas Gottschalk, mit dem zugleich er seine TV-Karriere startete, pflegt Günther Jauch seine jugendliche Ausstrahlung. Der beliebten Quizshow »Wer wird Millionär?«, in der er als unterhaltsamer Fragesteller fungiert, verleiht er durch mimischen Ausdruck Spannung.

Jauch

Bewusst wird der Atem angehalten, um Spannung aufzubauen. Die linke Hand versucht das Problem auf den Punkt zu bringen. Die rechte Hand (Zeigefinger) scheint zu wissen, wohin der Weg gehen soll. Doch der Blick deutet auf Unbehagen.

Spiegelbilder:

Duell …

Einvernehmen …

… und Genugtuung zwischen Kollegen und Rivalen.

Gespielter Schrecken, gespielte Unschuld, gespielte Hilflosigkeit, gespielter Unmut.

Jörg Kachelmann lässt sich überhaupt nicht aus der Ruhe bringen durch die übertriebene Gebärde von Schauspieler Martin Semmelrogge. **Selbstgestaltung und Besserwissen** sind ihm wichtiger, wie die deutlich betonte Hervorhebung von Mittel- und Zeigefinger der rechten Hand belegt.

Das leichte Lächeln und die Zuwendung, die sein Oberkörper zeigt, ändern nichts daran, dass sich Kachelmann keineswegs aus dem **Konzept** bringen lassen will. Ganz fest hält er es in der Hand.

Die **provozierende Geste** wirkt nicht stark genug, um den Humorprofi Mike Krüger zu beeindrucken. Dieser bleibt, den Arm eng angelegt, »ganz bei sich selbst«.

Spiegelbilder schaffen **Empathie.** Zwei Sonnenbrillen wie bei Kachelmann und Heino tun es schon. Noch deutlicher machen es die spiegelbildlichen Handbewegungen des Wetter-Entertainers und der Politikerin Angela Merkel.

KURZBIOGRAFIE

Jörg Kachelmann | Schweizer Meteorologe und Entertainer, wurde am 15. Juli 1958 in der Nähe von Basel geboren. Er studierte in Zürich Geografie, Meteorologie, Mathematik und Physik und startete seine journalistische Laufbahn beim Schweizer »Sonntagsblick«. Bald verband er die Arbeit bei den Printmedien mit der Tätigkeit als Redakteur und Moderator im Schweizer Fernsehen. Die Meteorologie aber blieb sein liebstes Steckenpferd und wurde schließlich zum Hauptberuf. Die erste eigene Wetterstation stand in der Nähe von St. Gallen. Mit der Gründung seiner Firma Meteomedia AG begann der Aufbau einer ganzen Kette von Stationen. Jörg Kachelmann setzt auf regionale Stationen, die in der Lage sind, auch regionale Wetterprognosen abzugeben – und er setzt auf Entertainment: Eloquent und gestenreich inszeniert er seine Fernseh-Wettervorhersagen. Doch der immer gut aufgelegte Wetterprophet ist auch ein alerter Geschäftsmann. In der Auseinandersetzung mit den staatlichen Wetterdiensten, dem »Duell der Wetterfrösche« (»Die Welt«), ist er der Herausforderer.

Kachelmann

Wie viel Aufmerksamkeit verlangt ein Bart, um so attraktiv ungepflegt auszusehen? Dazu passen das leicht zerzauste Haar und der lausbübische Ausdruck. Alles zusammen drückt den Wunsch aus, unkonventionell zu erscheinen.

Muss ein Torwart denn immer blockieren? Kahn ist in der gesellschaftlichen Öffentlichkeit ein zurückhaltender Mann. Die übertriebene Geste des Entertainers ist ihm eher peinlich. Sichtbar versucht er abzuwehren.

Und noch einmal die abwehrende Geste auf dem Podium: »Das ist nicht meine Welt.«

Ist der Ärger nur gespielt? Die lockere Hand widerlegt den schimpfenden Mund.

Ein ganz anderer Oliver Kahn unter Adrenalin auf dem Fußballplatz: Ungehemmt bringt er seine Emotion zum Ausdruck.

KURZBIOGRAFIE

Oliver Kahn | Fußballtorhüter, wurde am 15. Juni 1969 in Karlsruhe geboren. Das Fußballspielen lag in der Familie, vererbte sich sozusagen vom Vater auf den Sohn. Dieser folgte dem Vater zum Karlsruher SC und hatte bald den idealen Platz in der Mannschaft gefunden: den zwischen den Pfosten. Den ersten Profivertrag unterschrieb Oliver Kahn 1991. In der Saison 1993/94 wurde er bereits zum »Torhüter des Jahres« gewählt; Ruhm genug, um vom Rekordmeister Bayern München angeheuert zu werden, wie es heißt, für die höchste Summe, die je bei einem Torhüter-Transfer geflossen ist. Der bullige Mann besitzt eine starke Kämpfernatur, seine Reaktionsschnelligkeit ist enorm. Titel wie »Torhüter des Jahres« und »Welttorhüter des Jahres« sind – neben dem »zählbaren« – der imaginäre Lohn.

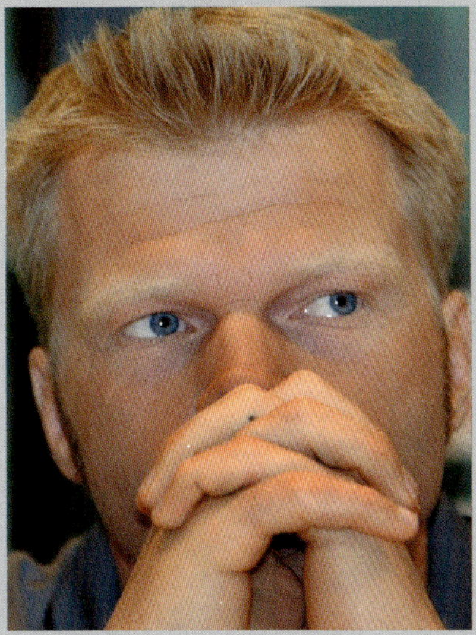

Konzentrierte Sammlung vor der Aktion. Die Hände verdecken den Mund: »Nur kein falsches Wort herauslassen.«

Der Griff zum Ohrläppchen kann ein Zeichen der Verlegenheit, vor allem aber ein Versuch sein, sich selbst zu stimulieren (Akupressurpunkt). So versucht der Fußballer der lästigen Interviewsituation Herr zu werden.

Die im Vergleich zur rechten (Ratio-)Hand weit ausgestreckte linke (Gefühls-)Hand deutet darauf hin, dass der Präsident sich weithin von seinen **Gefühlen** leiten lässt.

Nur scheuen Kontakt vermittelt die in der Handmitte **zurückgezogene** Begrüßung. Im Allgemeinen gilt: Wer nicht die ganze Handfläche reicht, hält manchen seiner Gedanken zurück.

»Ich mache die Augen zu, wenn du an meiner Schulter **Entspannung** suchst.«

KURZBIOGRAFIE

Thomas Klestil | Österreichischer Bundespräsident, wurde am 4. November 1932 in Wien geboren. Er schlug früh die diplomatische Laufbahn ein: Von 1959 bis 1962 arbeitete er in der Mission der OECD in Paris und von 1962 bis 1966 in der österreichischen Botschaft in Washington. 1966 wurde er Sekretär von Bundeskanzler Josef Klaus. Von 1969 bis 1974 wirkte Klestil als Generalkonsul in Los Angeles, von 1978 bis 1982 als UNO-Botschafter in New York. In den Jahren 1982 bis 1987 war er österreichischer Botschafter in den USA, anschließend bis 1992 Generalsekretär für Auswärtige Angelegenheiten, bis er im gleichen Jahr als Kandidat der ÖVP zum österreichischen Bundespräsidenten gewählt wurde. 1998 erfolgte seine Wiederwahl. 1997 erschien Thomas Klestils Buch »Themen meines Lebens«.

Klestil

Was können offene Hände geben, wenn der Gesichtsausdruck nichts verspricht. Der Widerspruch ist deutlich.

Wenn zwei Pistolen (gespannte Daumen und Zeigefinger) so genau aufeinander treffen, wer wird dann gewinnen? Diese Handstellung spricht immer von Aggressivität. Hier hebt der friedliche Gesichtsausdruck die Spannung wieder auf. Nur ein Experiment?

Die zusammengepressten Lippen sprechen eine stumme Sprache: »Was ich da sehe, nehme ich nicht an!«

Das Kind im Manne hat keine Angst, wenn die Bahn abwärts fährt.

KURZBIOGRAFIE

Roland Koch | Politiker, wurde am 24. März 1958 in Frankfurt am Main geboren. Schon vom Elternhaus politisch geprägt, gründete er in seiner Heimatgemeinde Eichhorn früh eine CDU-Jugendorganisation. Er machte schnell Karriere in der Partei, war der jüngste Kreisvorsitzende der CDU und wurde 1987 hessischer Landtagsabgeordneter. Seit 1991 stellvertretender Vorsitzender der CDU-Landtagsfraktion und seit 1997 Fraktionsvorsitzender, wurde Roland Koch 1998 Landesvorsitzender und im Jahr 2000 als solcher wieder gewählt. Nach dem Sieg der CDU bei der Hessen-Wahl von 1999 wurde er hessischer Ministerpräsident und vier Jahre später wieder gewählt.

Koch

»Was mir nicht schmeckt, schiebe ich mit der Zunge weg!«

Zwei Dinge gleichzeitig tun zu wollen gehört zu den Stärken (und Schwächen) eines Politikers.

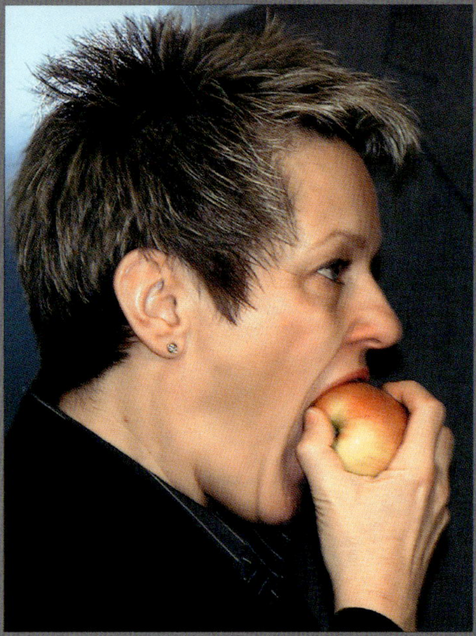

»Beißen kann ich auch!« Die Politikerin beweist ihre Fähigkeit, auch harte Themen aufzugreifen.

Das Runterschlucken fällt ihr manchmal nicht leicht.

»Mich steckt niemand mehr in die Küche!« So hoch müsste die Mütze auch nicht sein. Es gefällt ihr einfach nicht.

Sich an die eigene Nase fassen bedeutet Verlegenheit und Selbstkritik. Das Einmaleins des Prüfens lautet: sehen, nehmen und als letzte Instanz – riechen.

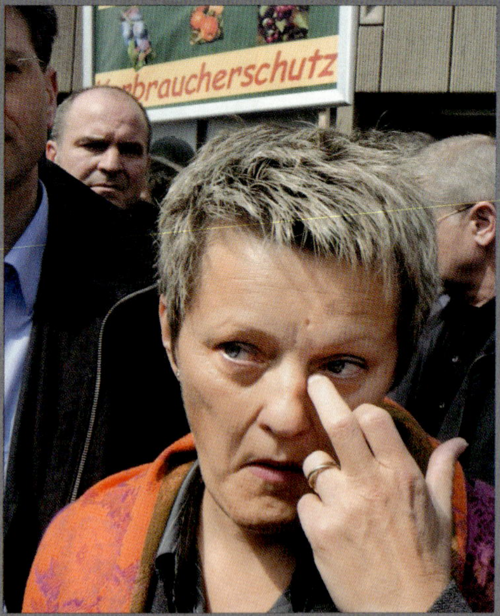

»Habe ich etwas übersehen?« Der betonte Selbstgestaltungs-(Mittel-)Finger und der seitlich geführte Blick unterstreichen die Aussage.

KURZBIOGRAFIE

Renate Künast | Politikerin, wurde am 15. Dezember 1955 in Recklinghausen geboren. Realschule, Fachoberschule für Sozialwesen und von 1973 bis 1976 das Studium der Sozialarbeit an der Fachhochschule in Düsseldorf führten sie in die praktische Sozialarbeit. Es war nicht gerade der leichteste Job, den sie von 1977 bis 1979 in der Männer-Justizvollzugsanstalt Tegel zu bewältigen hatte. Anschließend studierte sie an der TU Berlin Rechtswissenschaften und ließ sich nach dem Zweiten Staatsexamen 1985 als Anwältin in Berlin nieder. 1979 war Renate Künast der Westberliner Alternativen Liste (AL) beigetreten und gehörte seit den 80er-Jahren zu den Führungskräften der Grünen. Während der Zeit der ersten rot-grünen Senatskoalition übernahm sie den Fraktionsvorsitz der AL. An die Spitze der Grünen gelangte Renate Künast im Jahr 2000, als sie neben Fritz Kuhn in den Parteivorsitz gewählt wurde. Die Berufung durch Gerhard Schröder zur Bundesministerin für Landwirtschaft und Verbraucherschutz, 2001, auf dem Höhepunkt der BSE-Krise, kam überraschend und erregt seitdem Widerspruch und Anerkennung zugleich.

Künast

»Ich weiß, wie es geht, und zwar ganz systematisch!« Die Politikerin **rechnet** es vor.

Der **Rahmen** ist gesteckt, und der Weg ist deutlich vorgegeben.

Die geballte Faust ist nicht ganz ihr Ding. Die Hand wirkt eher **kraftlos,** und der Blick ist nicht wirklich bei der Sache.

Angreifen, um sich in ein besseres Licht zu setzen. Das zeigt der Selbstgestaltungs-(Mittel-)Finger, der hier die **Attacke** führt.

Leere Hände: eine **offene Geste,** die nichts verspricht.

Blockieren, gewollt oder ungewollt – Oskar Lafontaine kann es mit beiden Händen oder auch mit einer Hand –, fördert schwerlich die Kommunikation.

KURZBIOGRAFIE

Oskar Lafontaine | Politiker, wurde am 16. September 1943 in Saarlouis geboren. Der Sohn eines Bäckers studierte Physik, war anschließend bei der Versorgungs- und Verkehrsgesellschaft Saarbrücken tätig und von 1971 an als Vorstandsmitglied der Gesellschaft für Straßenbahnen in der Saaltal AG. Seit 1966 SPD-Mitglied, stieg er über Parteiämter und Abgeordnetensitze zum Oberbürgermeister von Saarbrücken auf. 1985 wurde er Ministerpräsident im Saarland; sein Aufstieg in die Spitze der Bundes-SPD ging damit Hand in Hand. 1990 wurde Oskar Lafontaine bei einem Wahlkampfauftritt Opfer eines Messerattentats, dessen Folgen er überraschend schnell überwand. Der intellektuelle Theoretiker war stets auch ein Mann der Tat und des Wortes. Durch seinen Rücktritt von allen Ämtern – bald nach Beginn der Regierungszeit von Kanzler Schröder im März 1999 – wurde der profilierte SPD-Politiker auch zum umstrittensten Exponenten der Partei.

Lächelnde **Dominanz.** Die ausgestreckte Hand auf der Schulter des Partners sagt es: »Bleib unten, solange ich oben bin!«

Wer sein Lachen zurückzuhalten versucht, möchte **beherrscht** erscheinen und seine Gefühle nicht offenbar werden lassen.

Kämpfen oder **durchhalten,** das ist Lafontaines Frage. Schröder lässt sich nicht darauf ein.

Er scheint alles vereinnahmen zu wollen, einschließlich seiner selbst. Wie er mit der linken Hand sich selbst umschließt, weist auf einen **gefühlsbetonten** Menschen; und diese Gefühle brauchen offenbar keinen festen Boden unter den Füßen. Auch der linke Fuß hat, wie man sieht, den Boden schon verlassen.

KURZBIOGRAFIE

Heiner Lauterbach | Schauspieler, wurde am 10. April 1953 in Köln geboren. Seit seinem nachhaltigen Erfolg in Doris Dörries Filmkomödie »Männer« (1985) steht er im Licht der Öffentlichkeit, das er auch gar nicht scheut. Im Gegenteil: Er nutzt seine Prominenz, um sich zu stilisieren, um sein Image als »Hecht im Karpfenteich« zu modellieren. Seine berufliche Laufbahn begann am Theater. In Köln, Würzburg und München stand Heiner Lauterbach auf der Bühne und lernte das Handwerk des Schauspielers, was seinen Filmrollen gut bekam. TV-Serien wurden sein täglich Brot, und der Film setzte einige Höhepunkte. Seine Rolle in Helmut Dietls »Rossini« brachte ihm den Bayerischen Filmpreis als »Bester Darsteller« ein. Der Schauspieler, der selbst Regie geführt hat, ist, wie viele andere Kollegen, deutlich überzeugender, wenn ein guter Regisseur ihn an die Hand nimmt.

Lauterbach

Das Bedürfnis, den Partner ganz an sich zu ziehen, ihn quasi zu vereinnahmen, lässt den Schauspieler leicht einmal übersehen, dass er die territorialen Grenzen des anderen missachtet.

Die Bilder zeigen einen Menschen, der seinen **Besitzanspruch** demonstriert und gern die Kontrolle über die Dinge behält. Der romantische Blick weist auf ein gewisses Maß an Sentimentalität und Selbstzufriedenheit zugleich.

Auch beim bärenstarken Boxweltmeister
findet er die weichste Stelle: den Bauch.

Selbst einem Star, der so gern den Macho spielt,
unterläuft gelegentlich ein Lächeln der Verlegenheit,
in dem sich seine Empfindlichkeit spiegelt.

»Hier stehe ich. Seht ihr mich auch alle?«

Die Pose ist sein Handwerkszeug. Der tief sitzende Hut soll geheimnisvoll wirken, und Wirkung ist natürlich das eigentliche Ziel.

Udo Lindenberg auch einmal ohne Hut. Zwar wendet er sich freundlich seinem Gelegenheitspartner, dem Regisseur Peter Zadek, zu, aber die unnatürlich und geziert wirkenden Bewegungen der Finger zeigen: Er ist ganz mit seiner Selbstgestaltung beschäftigt.

KURZBIOGRAFIE

Udo Lindenberg | Popmusiker, wurde am 17. Mai 1946 in Gronau (Westfalen) geboren. Der Sohn eines Klempnermeisters gewann im Alter von 12 Jahren seinen ersten Preis als Musiker, und zwar beim norddeutschen Jazz Jamboree als bester Dixie-Drummer. Inzwischen ist Udo Lindenberg eine Institution der deutschen Pop- und Rockszene. Seine eingängigen deutschsprachigen, in schnoddrigem Sprechgesang vorgetragenen Songs sind witzig und engagiert zugleich, oft politisch und sozialkritisch gedacht, selbst geschrieben, selbst in Musik umgesetzt und mit Unterstützung seines »Panik-Orchesters« wirkungsvoll zur Geltung gebracht. Originelle Titel begleiten seinen Erfolgsweg: z.B. »Dröhnland Symphonie«, »Udopia«, »Götterhämmerung«, »Sündenknall« und nicht zuletzt der Honecker-Song »Es fährt ein Sonderzug nach Pankow«, womit sich der Rockstar aufs politische Glatteis begeben hatte. Mit der im Jahr 2001 ins Leben gerufenen Aktion »Rock gegen rechte Gewalt« bestätigte Udo Lindenberg wieder seinen politischen Spürsinn.

Lindenberg

Was erklärt Udo Lindenberg mit allen Fingern (selbstprofilierender Mittelfinger, besserwissender Zeigefinger und dominanter Daumen) Sigmar Gabriel auf der Expo 2000? Wahrscheinlich sich selbst.

Deutlicher lässt sich Männlichkeit nicht demonstrieren. Ganz »cool« hält der Altrocker die dicke Zigarre und bleibt dabei doch völlig kontrolliert.

In aller Freundlichkeit hält er entschlossen fest, was er hat.

Kreative Menschen benötigen viele Reize, um sich stimulieren zu lassen. Der überfüllte Schreibtisch dient mit seinen zahlreichen Objekten genau diesem Zweck. Nebenbei gesagt, lässt er auch kein Eckchen frei für andere.

Der Blick ist freundlich, die Haltung weich und scheinbar nachgiebig, doch das Gefühl, seine Privatsphäre schützen zu müssen, lässt seinen Nacken versteifen. Der Arm bleibt eng am Körper. Die Hand ist nicht wirklich bereit zu handeln.

Kritische Selbstbetrachtung mit Blick nach außen: »Was mag der andere über mich denken?«

Die Macho-Pose: »Alles unter meiner Hand!«

KURZBIOGRAFIE

Giovanni di Lorenzo | Journalist und Fernsehmoderator, wurde am 9. März 1959 als Sohn einer Deutschen und eines Italieners in Stockholm geboren. Er wuchs abwechselnd in Italien und Deutschland auf, studierte Kommunikationswissenschaften, Neuere Geschichte und Politikwissenschaften. Bei der hannoverschen »Neuen Presse« lernte er in den Jahren 1979 bis 1982 das Handwerk des Journalismus. Das Bayerische Fernsehen übertrug ihm 1984, u.a. zusammen mit Amelie Fried, die Moderation der TV-Jugendsendung »Live aus dem Alabama«. Sein journalistischer Weg führte ihn über die Redaktion der »Süddeutschen Zeitung« auf den Chefredakteurssessel des Berliner »Tagesspiegel« (seit Januar 1998). Seit 1989 hält Giovanni di Lorenzo die Stellung des »3nach9«-Moderators bei Radio Bremen, wieder gemeinsam mit Amelie Fried. Sein geschmeidiges Auftreten täuscht nicht darüber hinweg, dass er weiß, wer der Chef im Ring ist.

Der Blick erscheint streng, die Hände blockieren. Jedoch signalisiert die leichte Kopfneigung die Bereitschaft, zu einem Schluss zu kommen, vorausgesetzt, er ist es, der entscheidet. Das Schreibgerät vertritt den Dolch (der einem auf die Brust gesetzt wird).

Die geöffneten Hände versuchen etwas zu greifen, was gar nicht oder noch nicht vorhanden ist. Die Schultern sind nicht locker, sondern verharren in einer **Schutzposition.** Der seitlich geführte Blick sucht etwas zurückzugewinnen aus ihrer inneren Welt. Eine echte Kommunikation mit der Außenwelt gelingt hier einmal nicht.

Der provozierend ausgestreckte Mittelfinger, Selbstgestaltungsfinger, könnte als Demonstration der Emanzipation von Vorurteilen interpretiert werden. Auch der **dominierend** um die Schulter des Kollegen Stefan Kurt gelegte Arm spricht eine deutliche Sprache: »Ich beschütze ihn, nicht er mich!«

Der gestreckte Ellenbogen blockiert die Bewegung der Gratulantin. Keiner soll ihr zu nahe kommen, sie bestimmt die **Distanz.**

KURZBIOGRAFIE

Heike Makatsch | Fernsehmoderatorin und Schauspielerin, wurde am 13. August 1971 in Düsseldorf geboren. Vier Semester Politikwissenschaften und Soziologie an der Universität Düsseldorf genügten ihr, um zu wissen, dass dies nicht ihr Weg war. Auch die danach begonnene Lehre zur Damenschneiderin brach sie wieder ab. Es drängte sie ins Showgeschäft, und ihr Kommunikationstalent half ihr auf die Sprünge. Mit 22 stand sie als Moderatorin des Musiksenders VIVA vor der Kamera, zwei Jahre später war Bravo-TV ihr Forum. Durch Unbefangenheit und Eloquenz gelang es Heike Makatsch, Liebling des jungen Publikums zu werden. Ihr schien bei aller Show daran gelegen, sie selbst zu bleiben; ein Ehrgeiz, den sie sich auch als Schauspielerin erhielt. 1996 begann mit Detlev Bucks »Männerpension« eine Filmkarriere, die inzwischen bereits eine stattliche Reihe zum Teil anspruchsvoller Produktionen (z.B. 1998 Doris Dörries »Bin ich schön?«; 2000 »Gripsholm« nach Kurt Tucholsky) aufweist.

Makatsch

Wie schön ist es, sich selbst im richtigen Rahmen zu präsentieren! Auffällig erscheint auf allen vier Fotos, dass der Blick aus den weit geöffneten Augen nicht wirklich in die Welt schaut, sondern nach innen geht.

Diese Handbewegung mit gespreizten Fingern will demonstrieren, dass die Dinge aufgefächert oder entflochten werden sollen. Marthalers Zeigefinger, der weiß, was geschehen soll, ist deshalb ganz nach oben genommen.

Trotz einer zurückhaltenden Körperbewegung weist der freie Zeigefinger auf das Bewusstsein des Regisseurs, es besser zu wissen.

Der angehobene Mittelfinger spricht für den Wunsch, sich potenzvoll darzustellen.

Das Ganze muss in eine Form gebracht werden!

KURZBIOGRAFIE

Christoph Marthaler | Schweizer Theaterregisseur, wurde 1951 in Erlenbach im Kanton Zürich geboren. Das Unkonventionelle zog ihn von vornherein an. Musik und Theater gehören für ihn stets zusammen. Seine frühen und weiterführenden Erfahrungen bildeten das Straßentheater und die Zirkusatmosphäre. Frank Baumbauer, damals Intendant des Basler Theaters, holte Christoph Marthaler 1988 an sein Haus. Anfangs waren es durchaus Schweiz-spezifische Produktionen, die er vorlegte, und er kehrt seitdem immer wieder zum Schweizerischen, auch zum Schweizer Dialekt, zurück. Doch sein Ruf als Regisseur verbreitete sich im Nachbarland Deutschland zuerst durch seine Inszenierungen an der Berliner Volksbühne und seine Opernregie in Frankfurt am Main und bei den Salzburger Festspielen, wo Marthaler versuchte, was er nicht aufhört auszuprobieren: die Stücke neu, das heißt voraussetzungslos zu sehen und ihre Musikalität spürbar zu machen. Als künstlerischer Leiter des Zürcher Schauspielhauses (seit 2000/2001) steht er im Widerstreit der Meinungen.

Die sensibel zusammengelegten Fingerspitzen unterstreichen die Absicht, sich zu sammeln.

Lieb, aber dominant zeigt sich einer, der dem anderen die Hand auf die Schulter legt, als ob er versucht, ihn an seinem Platz zu halten.

Die Hand zwischen den Beinen **schützt empfindliche Stellen** vor einem unerwarteten Schlag.

Der gehobene Mittelfinger betont einen starken Wunsch nach **Selbstprofilierung.**

Wer mit seiner linken Hand in spontaner und gefühlsbetonter Geste so weit ausgreift, offenbart damit die Bereitschaft, sich kreativ über Konventionen hinwegzusetzen.

Der Regisseur nimmt seine Dominanz als selbstverständlich: Seine Hand kommt beim Händedruck von oben, während der Partner vergeblich versucht, mit dem von oben drückenden Daumen Marthalers Hand umzudrehen.

Deutlich plagt ihn das Gefühl (linke Hand), dass es da noch Fakten gibt, die er packen müsste. »Ich muss sie finden, bevor sie mir Kopfschmerzen bereiten!«

Achtung: die doppelte Pistole (aus Daumen und Zeigefinger)! Sie kann jederzeit losgehen.

Energisch führt er den Arm hinunter, um mit der Hand Dominanz zu erzwingen. Gerhard Schröder lacht zwar dazu, verteidigt seine Stellung aber durch Gegendruck.

KURZBIOGRAFIE

Hartmut Mehdorn | Vorstandsvorsitzender der Deutschen Bahn AG, wurde am 31. Juli 1942 in Berlin geboren. Nach seinem Maschinenbaustudium heuerte Mehdorn beim Flugzeugbauer Focke-Wulf in Bremen an, und Flugzeugtechnik und Flugzeugbau wurden das Metier des bulligen Mannes, dem man ansieht, dass er auch selbst zugreifen kann. Weitere Stationen waren Hamburg und München bei der Deutschen Airbus bzw. der Deutschen Aerospace AG. Von den Flugzeugen und Raketen ging er zu den Druckmaschinen der überaus erfolgreichen Heidelberger und, schließlich, Ende 1999 als Vorstandsvorsitzender zur Deutschen Bahn. Aus der Luft auf die Schiene? Dem gewitzten Praktiker ist jede Frage recht. Die Schwierigkeit einer Aufgabe sei es, die ihn reizt. Und die Deutsche Bahn bringe gewiss ausreichend Herausforderungen. Nicht immer zimperlich gegenüber seiner Umwelt, wählt Hartmut Mehdorn nach eigener Aussage gern den direkten Weg und redet nicht um den heißen Brei herum.

Mehdorn

Er wird es schon schaffen!
Kumpelhaftigkeit gehört zu seiner Taktik.

Ein Mann, der zupacken
kann und muss und mag.

Wenn es kritisch wird, muss man genau zuhören können.

Die ausgestreckten Daumen deuten auf den Willen zu dominieren.

In den Fußstapfen großer Tiere (die Politikerin im Saurierpark).

KURZBIOGRAFIE

Angela Merkel | Politikerin, wurde am 17. Juli 1954 in Hamburg geboren. Sie wuchs in Templin in Brandenburg auf, studierte in Leipzig Physik und arbeitete als wissenschaftliche Assistentin an der Akademie der Wissenschaften in Berlin. Seit 1969 gehörte sie dem »Demokratischen Aufbruch« an. Nach dem 18. März 1990, dem Zeitpunkt der ersten freien Wahlen auf dem Gebiet der ehemaligen DDR, wurde sie stellvertretende Regierungssprecherin in der Regierung de Maizière. Als Direktkandidatin zum Deutschen Bundestag gewann sie ihr Abgeordnetenmandat. 1991 bis 1994 Bundesministerin für Frauen und Jugend, wurde Angela Merkel für die Legislaturperiode 1994 bis 1998 als Umweltministerin in das Kabinett Kohl berufen. Ihr Aufstieg in die Spitze der Partei ging Hand in Hand mit dem Abgang von Helmut Kohl vonstatten. Seit April 2000 ist sie CDU-Vorsitzende, seit September 2002 zusätzlich Vorsitzende der CDU/CSU-Bundestagsfraktion.

»Was ich sehe, macht mich **müde.«**

Die Pistole (Daumen und Zeigefinger) hält noch zurück, was zu sagen ist. Aber die Geste weist auf **Anspannung.**

Unbewegte Gesichter. Ist die Verabredung getroffen, kann jeder seiner Wege gehen.

Offen und vor allem zufrieden mit sich selbst schaut Friedrich Merz auf, aber die geballten Fäuste zeigen, dass er im Augenblick nicht bereit ist, etwas aus der Hand zu geben.

Der Politiker benutzt hier die rechte (rationale) Hand, um sich an der linken (emotionsgerichteten) Schläfe zu kratzen: Es handelt sich wahrscheinlich um eine Empfindung, die noch nicht verbalisiert worden ist.

Mit dem übergeschlagenen Bein errichtet der Politiker eine Grenze zur Partnerin. Deren lockere Sitzposition und geringer Abstand könnten vertraute Nähe signalisieren.

KURZBIOGRAFIE

Friedrich Merz | Politiker, wurde am 11. November 1955 in Brilon geboren. Er studierte Jura, wurde nach Referendardienst und beiden juristischen Staatsexamen zunächst Richter beim Amtsgericht Saarbrücken und ließ sich anschließend als Rechtsanwalt nieder. Seine politische Laufbahn führte ihn zunächst, von 1989 bis 1994, ins Europäische Parlament und im Jahr 1994 in den Deutschen Bundestag. In der CDU entwickelte er sich zum Finanzfachmann der Partei, arbeitete zeitweise als Obmann der CDU/CSU-Fraktion im Finanzausschuss. Der begabte Analytiker erregte auch als Redner Aufmerksamkeit. Das Amt des Fraktionsvorsitzenden, das Friedrich Merz als Stellvertreter von Oktober 1998 bis Februar 2000 und seit dem 29. Februar 2000 als Amtsinhaber führte, übernahm nach der Wahlniederlage bei der Bundestagswahl 2002 die Parteivorsitzende Angela Merkel. Nach kurzem Zögern stellte sich Friedrich Merz neuen Führungsaufgaben in der Partei.

Merz

Demonstrative Zustimmung bei zurückgehaltenen Gefühlen. Die Hände sind geschlossen, die **Lippen** wollen nicht auseinander, aber sein Lächeln und die offenen Augen sprechen eine positive Sprache.

Der betont aktive Mittelfinger der linken Hand weist auf einen starken Wunsch nach **Selbstprofilierung.**

Vielgestaltig sind die Möglichkeiten, ein Glas zu halten. Wieder wird mit der Betonung des **Mittelfingers** angedeutet, wie wichtig dem Politiker die Selbstgestaltung sein muss.

Möllemann zupft an seinem **Ohr:** Strafe oder Stimulation in einem Augenblick von Verlegenheit?

KURZBIOGRAFIE

Jürgen W. Möllemann | Politiker, wurde am 15. Juli 1945 in Augsburg geboren. Vor seinem Lehramtsstudium (Germanistik, Geschichte und Sport) absolvierte er seinen Wehrdienst bei den Fallschirmjägern, wovon seine Auftritte aus der Luft nach wie vor Zeugnis geben. Es blieb nicht die einzige Methode, mit der er sich besondere Aufmerksamkeit verschafft. Jürgen W. Möllemann engagierte sich früh in der Politik, zunächst 1962 bis 1969 in der CDU, seit 1970 in der FDP. Er war Staatsminister im Auswärtigen Amt, zweimal Bundesminister und hat in seiner Partei eine zunehmend größere Rolle gespielt, auf Bundes- wie auf Landesebene. Als Präsident der Deutsch-Arabischen Gesellschaft nimmt er eine Verantwortung auf sich, die diplomatische Zurückhaltung gebietet, was ihm nicht immer leicht fällt. Als Aufsichtsratsvorsitzender des Fußballclubs Schalke 04 hat er es nicht so schwer. Der Politiker kann provozieren und polarisieren, und er scheint es zuletzt übertrieben zu haben.

Möllemann

Seine Hände blockieren, der Blick geht fragend leicht seitwärts, konfrontiert daher nicht: ein Moment der **Unsicherheit.**

Der Blick ist skeptisch. Mittelfinger und Gefühls- (Ring-)finger suchen nach einem treffenden **Argument,** das ihm emotional entspricht und ihn wirkungsvoll darstellt.

Die Hand hackt zu, was auf schneidende Argumente schließen lässt. Der intensive Blick entspricht einer **Drohgebärde.**

Die Hände errichten eine Schutzpyramide, nach vorn gerichtet wirken sie wie ein **Eisbrecher:** Alles wird weggeleitet.

Die Hände zusammengelegt oder
»ganz bei sich«
versucht er sich zu sammeln ...

KURZBIOGRAFIE

Luciano Pavarotti | Italienischer Sänger, wurde am 12. Oktober 1935 in Modena geboren. Erst im Alter von 22 Jahren nahm er ein reguläres Gesangsstudium auf, nachdem er viele Jahre lang zusammen mit seinem Vater im Chor seiner Geburtsstadt gesungen hatte. Vier Jahre später, 1961, debütierte er als Rodolfo in Puccinis »La Bohème« an der Oper von Reggio Emilia: A tenor was born. Schnell folgten Auftritte in Amsterdam, London, Mailand, Wien und Zürich. Sein Met-Debüt fand 1968 statt; ab dann begeisterte seine anscheinend unverwüstliche Tenorstimme die Welt. Zusammen mit José Carreras und Placido Domingo bildet Luciano Pavarotti das Trio der »Drei Tenöre«. Zwar liebt der Sänger die großen Arenen, hat aber zugleich ein Herz für die einfachen Leute und die Bedürftigen, dem er in Wohltätigkeitsveranstaltungen Ausdruck gibt. Pavarotti kennt keine Scheu vor dem Unterhaltungsgenre: Crossover-Auftritte gehören zu seinem Standardrepertoire.

... die großen Gesten gehören der Bühne.

Die Ratio (rechte Hand) hält noch zurück, was das Gefühl schon weiß. Der Zeigefinger der linken Hand zeigt es.

Seine sanften Umarmungen nehmen niemanden in Besitz.

Sie will die ihre in seine Hand geben, aber er nimmt sie nicht auf. Will er nicht in den Griff genommen werden?

»Ich kann auch **lachen,** aber nicht gerade locker …

… wütend dagegen bin ich ganz **gelöst!«**

Die Haltung ist **ganz in sich geschlossen.** Der Zeigefinger der linken Hand spricht eine deutliche Sprache: »Wo es langgeht, zeigt mir mein Gefühl.«

Verbissen sein kann jeder, aber es auch zeigen …

KURZBIOGRAFIE

Claus Peymann | Theaterregisseur, wurde am 7. Juni 1937 in Bremen geboren. Man spricht von ihm, seit er vom Frankfurter Theater am Turm, wo er bereits Peter Handkes »Publikumsbeschimpfung« inszenierte, an die Schaubühne am Halleschen Ufer wechselte, wo Peter Stein die »demokratische Praxis« der Theaterarbeit probte. Claus Peymann machte sich sozusagen selbstständig, als er 1972 Schauspieldirektor in Stuttgart wurde und in zum Teil provozierenden Inszenierungen zeitgenössische Autoren in den Vordergrund stellte. Von 1979 bis 1984 Intendant in Bochum, kam der Höhepunkt seiner streitbaren Theaterexistenz, als er 1986 die Leitung des Wiener Burgtheaters übernahm. Thomas Bernhard galt Peymanns größtes Engagement, und er teilte mit ihm die Hassliebe zu den Wienern, von denen er wieder einmal nichts mehr wissen will und ihnen deshalb den im Herbst 2002 verliehenen Nestroy-Preis wieder vor die Füße warf. Seit 1999 leitet er das »Berliner Ensemble«, Brechts ehemaliges Theater.

Es ist die linke (Gefühls-)Hand, die seinen Kopf stützt. Dass es Zeigefinger (Besserwissen) und Mittelfinger (Selbstgestaltung) sind, die es tun, passt gar so gut zu seinem momentanen Gesichtsausdruck.

Peymann

Kleine Schritte, zurückhaltende Bewegung des Arms, der nah am Körper bleibt, weisen auf eine Neigung zum Detail.

Die Linke (Gefühlshand) an der Brust zeigt starkes persönliches Engagement an der Sache. Es kann ihn wie eine persönliche Beleidigung treffen, wenn seine Vorschläge nicht akzeptiert werden.

Prodis volle Anteilnahme an politischen Debatten zeigt sich auch bei skeptischem Gesichtsausdruck. Es gefällt ihm nicht besonders, was er da hört.

Mit Blick und Hand hinausdeutend, gibt Prodi eine klare Linie vor, ganz im Gegensatz zu seinem Nebenmann, Bosse Ringholm.

KURZBIOGRAFIE

Romano Prodi | Italienischer Politiker, Präsident der Europäischen Kommission, wurde am 9. August 1939 in Scandiano (Reggio Emilia) geboren. Er studierte in Mailand und an der London School of Economics, lehrte als Gastprofessor in Harvard und wurde Professor für Wirtschaft und Industriepolitik in Bologna. Als wesentlich für seinen beruflichen und politischen Weg erwies sich seine Arbeit als Präsident des Staatskonzerns Istituto per la Recostruzione Industriale. Der parteilose Prodi führte im April 1996 das italienische Mitte-Links-Bündnis »Ulivo« (Ölbaum) zum Erfolg. Von Mai 1996 bis Oktober 1998 war er italienischer Ministerpräsident. Seit 1999 arbeitet er als Präsident der Europäischen Kommission, die er zu reformieren begonnen hat. Romano Prodi gilt als leidenschaftlicher Europäer.

Ein sinnlicher Mensch: Augen und Mund genießen. Romano Prodi drückt den Geschenkkorb an die Brust, als wolle er sagen: »Ist das alles für mich?«

Wie ein Kind kann sich der große Politiker an kleinen Genüssen erfreuen.

»Man kann nie wissen, von welcher Seite etwas kommt!« Der seitliche Blick **sorgt vor.**

Wladimir Putin hält das Glas fest in der Hand und trinkt in vorsichtigen Schlucken: Ein **zupackender** Politiker, der sich jedoch nicht aus der Reserve locken lassen wird.

Die offene Hand wird zunächst **vorsichtig** betrachtet: »Soll ich?«

Der russische Präsident nimmt die dargebotene Hand des amerikanischen Präsidenten, sein Blick ist von vorsichtiger **Zurückhaltung,** der ausgestreckte Zeigefinger seiner linken Hand zeigt, dass er genau weiß, was er will.

KURZBIOGRAFIE

Wladimir Putin | Präsident Russlands, wurde am 7. Oktober 1952 in Leningrad, das seit 1991 wieder Sankt Petersburg heißt, geboren. Der Sohn eines Arbeiters studierte an der Leningrader Universität Jura und promovierte zum Dr. rer. oec. Nach dem Studienabschluss trat er 1975 in den Auslandsdienst des sowjetischen Geheimdienstes KGB ein und wurde in Dresden eingesetzt – seiner sehr guten Deutschkenntnisse wegen. Nach 17 Jahren Geheimdiensttätigkeit wechselte er in die Stadtverwaltung von Sankt Petersburg. Im August 1996 wurde er in die direkte Umgebung von Präsident Jelzin versetzt und begann dort seinen Weg zu machen, bis Jelzin ihn zu seinem Nachfolger vorschlug und seinen Kandidaten durchsetzte. Seit März 2000 ist Wladimir Putin gewählter Präsident der Russischen Föderation. Der Judomeister ist verheiratet und Vater zweier Töchter. Seine Politik zielt auf Ordnung im eigenen Land, auf Minderung der Korruption. Der ungelöste Tschetschenien-Konflikt liegt als großer Schatten auf seinem Weg. Deutlich ist Putins vorsichtige Hinwendung zum Westen.

Putin

Selbst beim Nachdenken wird zur Sicherheit die Pistole (Daumen und Zeigefinger) bereitgehalten.

Zeigefinger und Blick mahnen, aber ihr Drohpotenzial wird gemildert, da der Blick seitwärts geht und ein Lächeln andeutet.

Was es heißt, die Kindheit nicht verlassen zu wollen, zeigt die Stellung der Füße: Sie **vermeiden die Bodenhaftung.** Der Entertainer hat keinen Standpunkt.

Die andere Seite der Medaille: Der Spaßproduzent kennt **keine Scheu** vor dem Territorium anderer.

Er **vereinnahmt** sie oder versucht sie zu beherrschen.

Er schiebt den Preis über ihre **territoriale Grenze.**

KURZBIOGRAFIE

Stefan Raab | Entertainer und Musikproduzent, wurde am 20. Oktober 1966 in Köln geboren. Nach dem Besuch eines Jesuiten-Internats in Bad Godesberg studierte er Juristerei, immerhin fünf Semester lang, nebenher absolvierte er eine Metzgerlehre. Aber das war noch lange nicht alles: Zur selben Zeit begann er zu komponieren, und zwar Film- und Fernsehmusik sowie Werbe-Jingles, gründete eine eigene Produktionsfirma und fand sich mit 30 als Moderator einer eigenen Fernsehsendung namens »Vivasion« wieder. Witz und Schlagfertigkeit wurden sein Markenzeichen, vor allem aber ein seltenes Talent für den puren Nonsens. Das drückt sich auch in Schlageralbum-Titeln wie »Stefan Raab und die Bekloppten« aus oder in dem Lied »Piep, piep, piep ...«, das er seinem Spaßkollegen Guildo Horn auf den Leib schrieb. Der erfolgreiche Entertainer gibt sich gern als Enfant terrible der Schlagerszene; und ein Kind möchte er wohl auch bleiben. Damit steht Stefan Raab nicht allein: Er ist ein typischer Exponent der Spaßgesellschaft, und die neigt insgesamt zur Verkindlichung.

Breit und raumgreifend lässt er keinen an sein Territorium herankommen. Selbst Komik-Altmeister Rudi Carrell hat keine Chance.

Nur keine Natürlichkeit! Stefan Raab spielt bei der Preisverleihung seine Rolle als Spaßmacher konsequent weiter. Persönliche Gefühle bleiben unsichtbar.

Sanft und **zugeneigt** an der Seite seiner Frau.

Der Kritiker ganz privat. Händchen haltend versucht er seine **Gefühle** (linke Hand) in die Tasche zu stecken.

Ausgreifend behauptet der prominente Kritiker seinen Platz in der Runde. Die anderen lässt er als Randerscheinungen zu.

Allein vor der Kamera, braucht er kein Terrain zu erobern.

KURZBIOGRAFIE

Marcel Reich-Ranicki | Literaturkritiker, wurde am 2. Juni 1920 in Wloclawek, einer an der Weichsel gelegenen polnischen Kleinstadt, geboren. Er besuchte in seinem Heimatort die deutsche Schule, 1929 kam er mit seinen Eltern, dem Kaufmann David Reich, einem polnischen Juden, und seiner Mutter Helena, geborene Auerbach, einer deutschen Jüdin, nach Berlin. Im Herbst 1938 wurde er, kurz nach dem Abitur, nach Polen deportiert und lebte von 1940 an im Warschauer Getto. Anfang 1943 gelang ihm mit seiner Frau Teofila die Flucht aus dem Getto. Nach der Befreiung Warschaus trat er der kommunistischen Partei bei, aus der er 1949 wegen »ideologischer Entfremdung« ausgeschlossen wurde. Er versuchte sich als freier Schriftsteller und Kritiker durchzuschlagen, schrieb für polnische Zeitungen über deutsche Literatur, die er kannte und liebte. 1958 kehrte er von einer Studienreise in die Bundesrepublik nicht wieder nach Polen zurück. Von 1960 bis 1973 ständiger Literaturkritiker der »Zeit«, übernahm Marcel Reich-Ranicki 1973 das Ressort »Literatur und literarisches Leben« der »Frankfurter Allgemeinen Zeitung«. Er wurde mit seinen kenntnisreichen und durchaus emotionalen Artikeln zum weitaus bekanntesten Literaturkritiker Deutschlands. Ein allgemeines Publikum erreichte er mit der Fernsehsendung »Das literarische Quartett«.

Reich-Ranicki

Ein offenes Angebot, das nicht zurückzuweisen ist.

Emotion und Ratio sind gleichwertig präsent. Manchmal unterstützt die linke Hand seine Argumentation, manchmal die rechte und manchmal **beide zugleich.**

»Was wollte ich noch sagen?« Oft holt er seine Argumente aus dem Gefühl, nicht aus dem puren Intellekt. Die Linke (Gefühlshand) sucht nach dem richtigen Wort

Wenn die Ratio
(rechter Fuß)
versucht, das
Gefühl zu schützen,
ergibt sich ein
schwacher
Stand(punkt).

Kleine Schritte deuten
auf die Liebe zum **Detail.**

KURZBIOGRAFIE

Maximilian Schell | Österreichisch-schweizerischer Schauspieler, wurde am 8. Dezember 1930 als Sohn einer österreichischen Schauspielerin und eines Schweizer Schriftstellers in Wien geboren. Nach der Flucht im Jahr 1938 aus Österreich und Schulbesuch in der Schweiz studierte er Kunst- und Literaturgeschichte, Theater- und Musikwissenschaften in Basel, Zürich und München. Er wurde Dramaturg, Regisseur und – wie seine Geschwister – Schauspieler. Seinem Filmdebüt als junger Deserteur in »Kinder, Mütter und ein General« folgte eine lange Reihe von oft sehr guten Filmrollen in Deutschland, vor allem jedoch in Hollywood. »Das Urteil von Nürnberg« von 1961 war nur der Anfang. Maximilian Schell spielte auch weiterhin Theater; dass er Shakespeares Hamlet wieder und wieder verkörperte, scheint dem ebenso eigenwilligen wie nachdenklichen Schauspieler angemessen. Zu seinen Paraderollen zählt u.a. auch der Salzburger »Jedermann«.

Der Schauspieler liebt es nicht, wenn seine Handlungsfreiheit eingeschränkt wird, auch nicht, wenn es sich um eine Umarmung handelt. Mit der gespreizten Hand **verteidigt** er sich, oder will er die Oberhand gewinnen?

Die Körperhaltung wirkt gelassen, aber der Blick **fixiert** etwas.

Im Gespräch mit Boris Becker erscheint Claudia Schiffer sehr **gespannt,** wie die gespreizten Finger ihrer linken (Gefühls-)Hand deutlich sehen lassen. Sie kanalisiert ihre Aussage, um rational zu bleiben.

»Sei mir nicht böse!«, scheint der kindlich verzogene Mund zu sagen. Die schöne Frau **wagt es nicht,** sich unbeliebt zu machen. Ihr Handgelenk hemmt die Bewegung des ausgestreckten Zeigefingers.

Mit ihren Ellenbogen **verteidigt** sie das größere Territorium. Das lachende Gesicht baut vor: »Du wirst es mir doch nicht übel nehmen?«

KURZBIOGRAFIE

Claudia Schiffer | Fotomodell, wurde am 25. August 1970 in Rheinbach bei Düsseldorf geboren. Die hübsche, hoch aufgeschossene Rechtsanwaltstochter besuchte das Gymnasium, dann rief die Modelkarriere. Wie sich das für eine echte Traumkarriere gehört, wurde sie während eines Diskothekenbesuchs »entdeckt«, zu Probeaufnahmen nach Paris eingeladen, und schon die zweite Foto-Session galt der Zeitschrift »Elle«. Eine entscheidende Rolle spielte Karl Lagerfeld in ihrer Laufbahn: Er machte sie zum Topmodel von Chanel. Zwischen Laufsteg, den Fotoateliers der großen Mode- und Lifestyle-Magazine von »Elle« bis »Vogue« und den weltweit tätigen Werbeagenturen führte Claudia Schiffer über Jahre ein anstrengendes, zugleich aber vergoldetes Leben im Rampenlicht. Die hungrige Klatschpresse fand denn auch hier und da einen Brocken, z.B. ihre Verbindung mit dem amerikanischen Magier David Copperfield, und zählte im Übrigen eifrig die Millionen, die das Starmodel scheffelte.

Schiffer

Eine typische Bewegung, die sich wiederholt, ist die Berührung des Haars mit der linken Hand. Sie entspricht einem Appell an den Partner: »Ich brauche deine Zuneigung!« Die Geste zieht die Aufmerksamkeit auf ihr schönes Haar, »entdeckt« die Innenfläche der Hand und zeigt auf, dass Bereitschaft zu flirten besteht. Oder ist alles doch nur angelernte Pose? Ganz bewusst fixiert ihr Blick die Kamera.

Mit den zusammengeführten Fingerspitzen sucht der Politiker **Beziehungspunkte** zwischen seinen Erwartungen und den zur Verfügung stehenden Möglichkeiten.

Doch **unerwartet** kann er zustechen …

Gelassen und **souverän**, so möchte er wirken. Ist es nur eine Pose?

KURZBIOGRAFIE

Otto Schily | Politiker, wurde am 20. Juli 1932 in Bochum geboren. Er studierte Jura in München, Hamburg und Berlin und ließ sich als Rechtsanwalt nieder. In dieser Eigenschaft verteidigte er in den 70er-Jahren Mitglieder der RAF (Rote-Armee-Fraktion). Später wandte er sich der Bewegung der Grünen zu und wechselte schließlich zur SPD. Sein bewegtes politisches Leben brachte ihm große Erfahrung ein. In seiner Funktion als Innenminister der rot-grünen Regierung von Bundeskanzler Schröder zählt der stets ruhig und gelassen wirkende Otto Schily heute zu den bewahrenden Kräften in der Politik.

Ein Mann, der selten aus sich herauszugehen scheint. Die angebotene Hand bleibt nah am Körper, kommt dem Partner **nicht weit entgegen.** Die anderen müssen ihm ihrerseits entgegenkommen.

Der Tisch und die eigenen Knie dienen dem Politiker als Schutz. Zugleich bilden sie eine **Hürde,** über die er mit seinen Händen und seiner Aussage nur mühsam herüberkommt.

Lockere Bewegungen sind seine Stärke nicht. Fast immer bleibt Anspannung sichtbar. Schmidts ausgeprägte Energie staut sich in Brust und Nacken. Seine Gesten scheinen genau einstudiert. Wenn er die Hände in Gesichtshöhe hält, ist auf jeden Fall die Kameraposition mit bedacht.

»Na, wie war ich?« Mit beiden Händen am Brillengestell möchte sich der Talker ins rechte Licht setzen.

Ganz auf Wirkung eingestellt. Harald Schmidt scheint zu überlegen, aber er weiß genau, wie es weitergeht.

Die sehr kleinen Schritte verraten Liebe zum Detail; die zu einem Strich geschlossenen schmalen Lippen und der angespannte Gesichtsausdruck deuten auf Empfindlichkeit.

Die »ungezogene« Geste kontrastiert wirkungsvoll zu dem konventionellen Outfit: ein Grundrezept des Entertainers.

KURZBIOGRAFIE

Harald Schmidt | Talkmaster, wurde am 18. August 1957 in Neu-Ulm geboren. Der Sohn einer Kindergärtnerin und eines Verwaltungsangestellten wuchs im schwäbischen Nürtingen auf. Als Gymnasiast lernte er Orgel spielen, arbeitete als Chorleiter und legte an der Kirchenmusikschule Rottenburg am Neckar die C-Prüfung für Kirchenmusik ab. Nach Abitur und Zivildienst besuchte er in Stuttgart die Schauspielschule. Ein dreijähriges Engagement an den Städtischen Bühnen Augsburg folgte. Die ersten Schritte auf dem Weg zu seiner späteren Karriere machte Harald Schmidt beim Düsseldorfer »Kom(m)ödchen«, damals eine Instanz in der Kabarett-Szene. Er begann Texte für die legendäre Lore Lorentz zu schreiben und bald für eigene Soloprogramme – und so war er reif fürs Fernsehgeschäft. »MAZ ab!« hieß ab 1988 seine erste Unterhaltungssendung, nebenher lief »Schmidteinander«. Seit Ende 1995 gibt es den Late-Night Talk »Die Harald Schmidt Show«, in der sich Satire und Nonsens, Witz und Blödelei mischen.

Schmidt

Der Dirigent seines Publikums. Er bestimmt, wann **reagiert** werden darf.

Die **Denkerpose**

Mittelfinger und Daumen in gemeinsamer Aktion sprechen von **Selbstprofilierung** und Dominanz als Denkmotivation.

»Die Dinge dürfen nicht aus der Spur geraten, sonst **verliere** ich die Übersicht.«

Jedes Ziel wird ernst genommen: **Mit vollem Einsatz** tritt Gerhard Schröder den Ball. Edmund Stoiber macht es eleganter, aber »zugeknöpft«.

Ob beim Trinken, beim genussvollen Verzehren einer Bratwurst oder beim Rauchen: Das **Ziel** wird nicht aus den Augen gelassen.

KURZBIOGRAFIE

Gerhard Schröder | Deutscher Bundeskanzler, wurde am 7. April 1944 geboren. Sein Vater fiel als Soldat im Zweiten Weltkrieg, die Mutter hielt durch Putzen und Fabrikarbeit die Familie über Wasser. Eine Lehre zum Einzelhandelskaufmann und die Anstellung in einer Eisenwarenhandlung gingen seiner weiteren Schulbildung voraus. Es folgten Jurastudium, Referendariat und Niederlassung als Rechtsanwalt in Hannover. 1963 trat er in die SPD ein, von 1978 bis 1980 war er Bundesvorsitzender der Jusos. Von 1990 an niedersächsischer Ministerpräsident, wurde er im März 1998 zum Kanzlerkandidaten der SPD gekürt. Am 27. September 1998 wurde Gerhard Schröder dann zum siebten deutschen Bundeskanzler gewählt und vier Jahre später, am 22. September 2002, wieder gewählt. Wer ihm zuschaut, wird bemerken, dass er gewohnheitsmäßig den Kopf kaum nach links und rechts bewegt, ihn vielmehr sehr gerade hält. Sollte für Schröder alles, was von den Seiten kommt, eher als Störung seines Weges denn als nützliche Information wahrgenommen werden? Sein Ziel hat er stets klar vor Augen; muss er es ändern, ist ihm das neue Ziel ebenso klar.

Schröder

Der Staatsmann Schröder hält sich gerade – mit dem Kopf und dem ganzen Körper. Die offene Hand ist bereit zu geben oder zu nehmen. Wer so zielgerichtet nach vorn schaut, empfindet vieles, was links oder rechts von ihm geschieht, als Ablenkung und ignoriert es deshalb.

Die Oberarme bleiben eng am Körper.
Er wagt sich nicht aus der Deckung.

Unbedingt treffen zu wollen strengt an.

Alte österreichische Schule! Gelingt ihm die Verbindung zwischen Tradition und moderner Realität?

KURZBIOGRAFIE

Wolfgang Schüssel | Österreichischer Bundeskanzler, wurde am 7. Juni 1945 in Wien geboren. Der promovierte Jurist verschrieb sich sogleich der Parteiarbeit der Österreichischen Volkspartei (ÖVP), war von 1968 an nacheinander Sekretär des Parlamentsklubs seiner Partei, Generalsekretär des der Partei verbundenen Österreichischen Wirtschaftsbundes und von 1989 bis 1995 Wirtschaftsminister im Kabinett der rot-schwarzen Koalition unter Bundeskanzler Franz Vranitzky, danach unter Bundeskanzler Viktor Klima. In den turbulenten Verhandlungen über eine Regierungsbildung nach den Nationalratswahlen vom Oktober 1993 behielt Wolfgang Schüssel kühlen Kopf und sein Traumziel, Bundeskanzler zu werden, fest im Sinn.
Im Februar 2000 hatte er dieses Ziel schließlich erreicht.

Zur Politik gehört es, Risiken zu vermeiden. Das demonstriert Wolfgang Schüssel bei vielen Auftritten, indem er seinen **Bewegungsradius** bewusst einschränkt.

Schüssel

Wolfgang Schüssel ist ein Mann der kleinen Bewegungen. Wagt er nicht, **weiter** zu greifen?

Eine problematische Begegnung: Beide Politiker zeigen mit ihren hochgestreckten Daumen den **Wunsch zu dominieren.**

»Ganz bei sich« bleiben und nie die Kontrolle verlieren ist die Devise. Die Arme werden eng am Körper geführt. Der Redner öffnet sich seinen Zuhörern nicht.

Das Bild eines Analytikers, der sich dennoch häufig auf seine Intuition verlässt. Mit seiner Rechten (bei ihm als Linkshänder die Gefühlshand) sucht er nach einer Antwort auf die Fragen, die sein Mund nicht akzeptieren will.

Die gespannte Aufmerksamkeit könnte sich unmittelbar in Aktion verwandeln: Die betonte

KURZBIOGRAFIE

Ron Sommer | Manager, wurde am 29. Juli 1949 in Haifa, Israel, geboren. Sein Mathematikstudium schloss er 1971 in Wien mit der Promotion ab. Mitte der 70er-Jahre begann er seine berufliche Karriere beim Nixdorf-Konzern. Der Elektronik-Konzern Sony holte ihn 1980 als Geschäftsführer der deutschen Tochtergesellschaft, schickte ihn vier Jahre später als Präsident und Chief Operating Officer in die USA und eröffnete ihm 1993 die Möglichkeit, dieselbe Funktion bei Sony Europa auszuüben. Nach 15 Jahren Sony reizte den Manager die Chance, die ihm der Aufsichtsrat der Deutschen Telekom AG bot: als Vorstandsvorsitzender die Zukunft des größten deutschen Telekommunikations-Konzerns zu gestalten. Ron Sommer trieb die Privatisierung des Konzerns voran, und mit der öffentlichkeitsträchtigen Börseneinführung der T-Aktie wurde er zu einem der bekanntesten und damit prominentesten Manager des Landes. Der Höhenflug des Unternehmens und der Aktie wurde vom Einbruch am Neuen Markt umgekehrt. Sommer kam seiner Abberufung zuvor. Er legte sein Amt, äußerlich ungerührt wie immer, nieder.

Sommer

Nachdenken und dabei den Kern der Sache nicht aus dem Auge verlieren.

Wer seine Papiere so durch Aufklopfen in die Reihe bringt, ist auf Ordnung in seiner Arbeit angewiesen. Nichts darf durcheinander geraten. Damit schließt er Risikofaktoren aus und versucht vielleicht sogar, die eigene Risikobereitschaft zu drosseln.

»Ich hätte gern gegeben, aber meine Hände sind leer.«

Die zusammengeführten Fingerspitzen machen den Appell an das Mitempfinden der Zuhörer offenbar.

Mit dem Zeigefinger der rechten Hand versucht der Politiker sein Publikum durch Sachlichkeit zu überzeugen. Doch der linke (Gefühls-)Fuß löst sich vom Boden, um die Ratio (rechter Fuß) zu schützen. Ratio und Gefühl scheinen nicht in Übereinstimmung zu sein.

Die Stellung der beiden Daumen potenziert den Wunsch nach Dominanz.

KURZBIOGRAFIE

Lothar Späth | Politiker und Unternehmer, wurde am 16. November 1937 in Sigmaringen geboren. Ausgangspunkt seiner Karriere war die Ausbildung an der Staatlichen Verwaltungsschule in Stuttgart. Seit 1967 CDU-Mitglied, wurde er fast gleichzeitig Bürgermeister von Bietigheim, womit ein rascher Aufstieg in der Parteihierarchie begründet war. Erfahrungen in der Wirtschaft kamen hinzu, bei der gewerkschaftseigenen Neuen Heimat und u.a. bei dem Bauunternehmen Hochtief. Seit 1977 stand Lothar Späth an der Spitze der baden-württembergischen CDU, von 1978 bis 1991 amtierte er als Ministerpräsident von Baden-Württemberg. Vorwürfe der Vorteilsnahme, die er als marginal betrachtete, führten zu seinem Rücktritt. In der Wirtschaft nahm Späth eine neue Chance wahr: die Sanierung der traditionsreichen Jenoptik in Jena, die er zu einem Hightech-Konzern ausbaute. »Die Stunde der Politik« heißt eines seiner Bücher (1999). Für ihn schlug sie vorerst nicht wieder.

Die nachdenkliche Miene verbirgt nicht (wie der Daumen signalisiert) den Wunsch nach Dominanz.

Auch wenn er in sich gekehrt scheint, sind Besserwissen (Zeigefinger) und Profilierungswunsch (Mittelfinger) nur unter der Hand versteckt.

Zu viel Energie verursacht Stau.

Der drohende, nach innen, auf den Redner selbst weisende Zeigefinger verursacht Spannung, ja Krampf in der Hand. Wagt Stoiber es nicht, auf den Gegner zu zeigen, oder bedeutet die Geste nur: »Ich weiß, wie es geht!«?

KURZBIOGRAFIE

Edmund Stoiber | Politiker, wurde am 28. September 1941 im bayerischen Oberaudorf geboren. Sein Vater, ein kaufmännischer Angestellter, stammte aus der Pfalz, seine Mutter war eine gebürtige Rheinländerin. Nach dem Abitur und dem Wehrdienst bei der Gebirgsdivision in Bad Reichenhall und Mittenwald studierte er Jura und Politikwissenschaften an der Münchner Universität und der Hochschule für Politik. 1971 kam das erste politische Amt: Edmund Stoiber wurde zum persönlichen Referenten Max Streibls, damals Chef des neu gegründeten Bayerischen Umweltministeriums. Einige Zeit danach fand sich der junge Jurist als Syndikus der Lotto-Toto-Vertriebsgemeinschaft in Bayern wieder. Inzwischen hatte er in der CSU kontinuierlich Parteikarriere gemacht. Mit ungebrochener Loyalität und großem, manche meinen übergroßem Eifer diente er seinem politischen Ziehvater Franz Josef Strauß. 1986 wurde Edmund Stoiber bayerischer Innenminister und 1993 bayerischer Ministerpräsident. Als Kanzlerkandidat der CDU/CSU unterlag er 2002 dem Sozialdemokraten Gerhard Schröder.

Beide Daumen nach oben, die Fäuste fest geballt: Mit Kraft und Krampf das Ziel im Auge halten. Wenn Edmund Stoiber den Kopf reckt, ist es ein Versuch, den Krampf zu lösen.

Stoiber

Doppelt hält besser. Die doppelte **Pistolenstellung** (gebildet aus Daumen und Zeigefingern) ist bereit. Der Blick fragt nach dem Ziel.

Das sähe man gern öfter: ein **herzliches Lachen.**

Fest in der Hand behalten, was man einmal besitzt. Der nach vorn gedrehte Handrücken der Linken **verbirgt** die eigenen Gefühle.

Die Faust unterstützt die Beherrschung der eigenen **Emotion.** Warum hemmt sich Stoiber selbst?

Wer sich auf die Fußspitzen hebt, will nach oben und schwebt in der Gefahr, den **Bodenkontakt** zu verlieren.

»Ich mache mich klein, wenn Vorwürfe kommen.
Vielleicht kann ich aus der **Deckung** attackieren.«

Er wird sich doch nicht selbst das **Genick** brechen wollen!?

Nach innen zu sich selbst gekehrte Hände stellen zwei Deutungsmöglichkeiten zur Wahl, die sich manchmal ergänzen. Entweder heißt es: Er nimmt die **Verantwortung** auf sich, schiebt die Schuld nicht auf andere. Oder er nimmt alles sehr persönlich.

»Hier stehe ich, ich kann nicht anders!« Der breitbeinige Stand **verhindert** jegliche Flexibilität.

KURZBIOGRAFIE

Jürgen Trittin | Politiker, wurde am 25. Juli 1954 in Bremen geboren. Der diplomierte Sozialwirt und Journalist war schon während seiner Studentenzeit als Mitglied des AStA der Universität Göttingen und später als Präsident des Studentenparlaments gesellschaftspolitisch engagiert. Seit 1980 ist er Mitglied der Grünen. Von 1985 bis 1995 war er niedersächsischer Landtagsabgeordneter der Grünen bzw. von Bündnis 90/Die Grünen, von 1994 bis 1995 führte er deren Landtagsfraktion. Ebenfalls 1994 wurde Jürgen Trittin zum Sprecher des Bundesvorstands der Grünen gewählt und zwei Jahre später wieder gewählt. Im Jahr 1998 berief ihn Bundeskanzler Gerhard Schröder zum Bundesminister für Umwelt, Naturschutz und Reaktorsicherheit. Neben den spektakulären Themen seines Ministeramtes, wie etwa Ausstieg aus der Atomindustrie und weltweiter Klimaschutz, hat Trittin sich intensiv um den Zusammenhalt der grünen Partei gekümmert. Seine Bremer Art der leiseren Töne hindert ihn nicht daran, auch provokant aufzutreten.

Trittin

»An meiner Selbstdarstellung **knabbere** ich schon lange.«

Ein Bild der **Verzweiflung:** die Schultern schützend hochgezogen, die Hände leer.

Zufrieden schaut der Festspielchef auf sein Werk, die Hände ruhen: Jetzt handeln die anderen.

Die Pistole aus Daumen und Zeigefinger seiner rechten Hand nah an den Körper gehalten soll ihn schützen. Mit beiden Händen zeigt er auf sich selbst: Nimmt er alles sehr persönlich?

Die starke Bewegung seiner linken (Gefühls-)Hand unterstützt den Schwung seiner Gefühle bei allem, was er tut.

Ein strahlendes Gesicht; aber der Zeigefinger weiß alles besser.

KURZBIOGRAFIE

Wolfgang Wagner | Leiter der Bayreuther Festspiele, wurde am 30. August 1919 in Bayreuth geboren. Der Enkel Richard Wagners und Urenkel Franz Liszts besuchte in seiner Geburtsstadt Volksschule und Gymnasium, unmittelbar darauf folgten Arbeitsdienst und Militärzeit. Nach Kriegsende galten alle Gedanken der Wiederaufnahme der Festspiele, deren Leitung Wolfgang Wagner gemeinsam mit seinem älteren Bruder Wieland 1950 übertragen wurde. »Neu-Bayreuth« verdankt seinem praktischen Denken und seinem Organisationstalent viel. Seinen Anteil am künstlerischen Handeln durch eigene Inszenierungen wusste er dem Bruder gegenüber, der als der »Künstler« galt, durchzusetzen. Seit dem Tod Wieland Wagners hat Wolfgang Wagner die Festspielleitung allein inne. Viele Inszenierungen trugen seine Handschrift; doch war er klug genug, unter dem Motto einer »Werkstatt Bayreuth« eine Reihe interessanter Regisseure nach Bayreuth zu holen. Er wagte viel, aber gewann Erneuerung. Wolfgang Wagner ist eine Kämpfernatur. Bisher wahrte er seinen Anspruch auf Führung und Verantwortung gegenüber allen seinen Kritikern.

Enthusiasmus und starke Gefühlsbewegung: Die erhobenen Arme lassen den Körper ungeschützt.

Die häufig benutzte rechte Hand spricht für intellektuelle, analytische Argumentation. Die Gefühle (linke Hand) ruhen …

… oder werden versteckt.

Ein begrenzter Rahmen eröffnet klare, aber auch eingeschränkte Möglichkeiten. Schnelligkeit und Spontaneität gehören nicht dazu.

KURZBIOGRAFIE

Guido Westerwelle | Politiker, wurde am 27. Dezember 1961 in Bad Honnef geboren. Er studierte Jura in Bonn und Köln, legte 1991 das Zweite juristische Staatsexamen ab und promovierte 1994 an der Fernuniversität Hagen zum Dr. jur. Seit 1980 ist er Mitglied der FDP, war Gründungsmitglied der Julis (Junge Liberale) und von 1983 bis 1988 deren Bundesvorsitzender. Er wechselte in den Vorstand der Bundespartei, wurde 1993 Kreisvorsitzender der Bonner FDP, 1996 Bundestagsabgeordneter und ist seit Mai 2001 Parteivorsitzender. Der zielbewusste FDP-Chef will die Politik ernstlich anpacken und sie fröhlich durchführen. Junggeselle Westerwelle, der gern reitet, segelt, Mountainbiking und Beachvolleyball betreibt, wenn die Zeit dafür reicht, wurde 2001 vom Deutschen Institut für Herrenmode zum »Krawattenmann des Jahres« ausgerufen. Für die Bundestagswahl 2002 präsentierte er sich als eigener Kanzlerkandidat der FDP. Man muss auch das Unmögliche wollen!

Westerwelle

Vorsicht vor kleinen Tieren! Westerwelle streichelt den Mops nur mit dem Handrücken und nicht mit der Handfläche.

Zufrieden mit dem, was er gemacht hat, lehnt sich der Politiker zurück und verteidigt mit beiden Ellenbogen seine **unerschütterliche** Meinung.

Leere Hände. Die Gesten der Offenheit sind leider nur **Demonstration.**

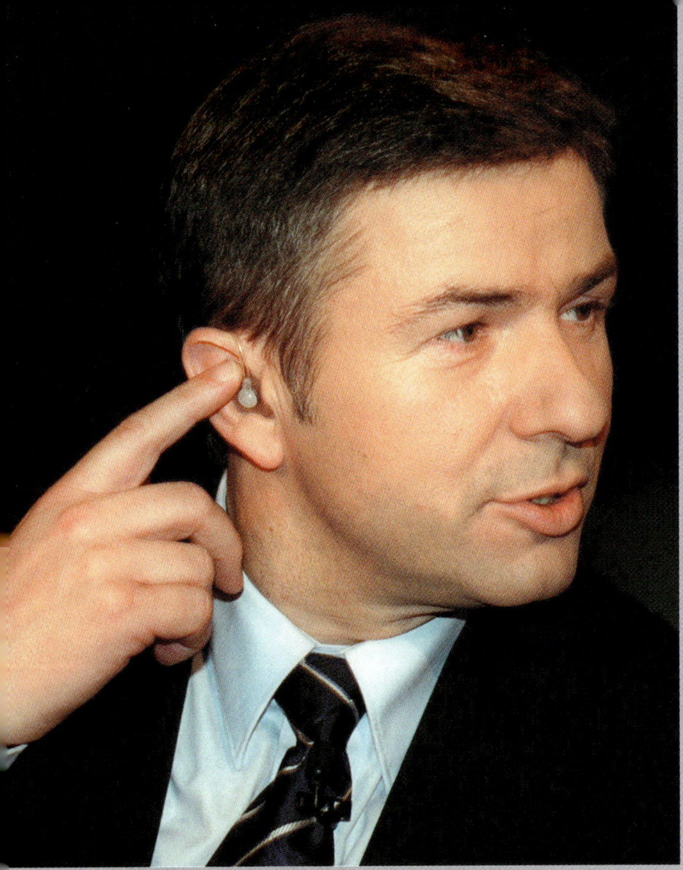

Offen sein und nichts verbergen, nicht einmal das Hörgerät — das schafft **persönliche Freiheit.**

Das Interview fand im Büro des SPD-Vorsitzenden Klaus Wowereit statt. Sichtbar ist der eigene große Sessel, doch links und rechts von ihm, also in unmittelbarer Nähe, gibt es keine Sitzgelegenheit für Gesprächspartner. Das Gespräch muss über den Tisch hinweg geführt werden. Ist **Distanz** erwünscht?

Der ordentliche Schreibtisch spricht für **Ordnungssinn,** nicht unbedingt für Kreativität, die aus dem Chaos kommt.

KURZBIOGRAFIE

Klaus Wowereit | Politiker, wurde am 1. Oktober 1953 in Berlin geboren. Er studierte an der Berliner TU Jura und arbeitete von 1981 bis 1984 als Regierungsrat beim Berliner Senator für Inneres, von 1984 bis 1995 als Bezirksstadtrat Tempelhof. Von 1995 bis 1999 stellvertretender SPD-Fraktionsvorsitzender, wurde er 1999 Fraktionsvorsitzender und im Juni 1999, nach dem Ende der großen Koalition aus SPD und CDU und dem Scheitern der Sondierungsgespräche über eine so genannte Ampelkoalition zwischen SPD, Grünen und FDP, zum Regierenden Bürgermeister von Berlin gewählt, gestützt auf eine hoch umstrittene rot-rote Koalition aus SPD und PDS. Mit großer Ruhe und Beherrschung versucht Klaus Wowereit in der schwierigen und »nervösen« Lage dieser Konstellation seine Arbeit zu tun. Das berühmteste Zitat aus dem Mund des jüngsten Regierenden, den Berlin je hatte, lautet: »Ich bin schwul, und das ist auch gut so.« Darauf angesprochen, soll er gesagt haben: »Das ist auch gut so, aber ein schwuler Bürgermeister macht noch keine liberale Stadt.«

Wowereit

Der linke Zeigefinger bestimmt die Aussage: Das Gefühl spielt eine Rolle in der Argumentation.

Große Distanz über den Zaun hinweg erschwert die Kommunikation. Der Politiker kommt hier ganz nah an den Zaun, aber die Bürger wagen es nicht, ihm wirklich nahe zu treten.

Nebeneinander entsteht viel leichter Kontakt, doch der gerät manchmal zu nah. Rentnerin und Bürgermeister bauen deshalb mit Arm und Hand einen Zaun zwischen sich.

Der gestreckte Zeigefinger beim Händedruck signalisiert **Besserwissen.** Der Regierende Bürgermeister zeigt Autorität, auch neben dem Bundespräsidenten. Jedenfalls weiß er genau, was er will.

Immer in Erwartung. Die an die Lippen geführten Fingerspitzen drücken Spannung aus ...

... aber die Augen fokussieren. Er wartet auf etwas ganz Bestimmtes, auf das er zugreifen kann.

KURZBIOGRAFIE

Peter Zadek | Theaterregisseur, wurde am 19. Mai 1926 in Berlin geboren. 1933 emigrierte die Familie Zadek nach London. In Oxford studierte Peter Zadek Deutsch und Französisch. Ein Regiestudium bei Tyrone Guthrie an der Old-Vic-School in London schloss sich an. Erste Regiearbeiten bei der BBC und an englischen Theatern folgten bald. 1958 kehrte er nach Deutschland zurück. Wesentliche Stationen seines Schaffens waren Ulm und Bremen. Neben zeitgenössischen Theaterstücken englischer Dramatiker wie John Osborne galt sein bestimmendes Interesse Shakespeare. Zadek schuf eine neue Shakespeare-Dramaturgie, die Schule machte und bestimmend wurde für die gesamte Shakespeare-Rezeption der 70er-Jahre und darüber hinaus. Als Intendant in Bochum entwickelte er ein buntes, publikumsnahes Theater. Bevor sich Peter Zadek endgültig als freier Regisseur etablierte, leitete er von 1984 bis 1989 das Hamburger Schauspielhaus.

Zadek

Peter Zadek hat etwas zu sagen, aber (die verschränkten Arme) er agiert nicht. Zwar weiß er, was er will, doch **handeln** müssen die anderen, nämlich seine Schauspieler.

Seine Gefühle messen präzise wie ein Lot (Bewegung der linken Hand), aber seine Augen **suchen,** seitlich geführt, noch nach der genauen Formulierung. Auffallend die hervorstechende Vorrangstellung von Mittelfinger (Selbstprofilierung) und Ringfinger (Emotion) der rechten Hand.